オトナ留学のススメ

成功する人はなぜ海外で学び直すのか

留学ソムリエ
大川彰一

辰巳出版

オトナ留学のススメ

目次

第2章 「語学」を学び直す

第3章「人生」を学び直す

はじめに

ピース綾部《あやべ》さん、渡辺直美《わたなべなおみ》さん、ウエンツ瑛士《えいじ》さん、大島優子《おおしまゆうこ》さん、藤原史織《ふじわらしおり》さんなど、最近、芸能人が留学するというニュースを頻繁に目にするようになりました。

週刊誌などでは、そういった芸能人の海外チャレンジをどうしてもネガティブに捉えがちです。ゴシップや契約上のトラブルなどと絡めてネタにしたほうが、簡単に注目を集められるからでしょう。

しかし、なぜ彼らは海外留学の道を選んだのでしょうか。

そして、私たちが惹きつけられる理由とは。

２０１７年10月、お笑い芸人のピース・綾部祐二《あやべゆうじ》さんが、ニューヨークへ旅立ちました。

２０１６年に記者会見をした際に、世間では「どうせ失敗してすぐ帰ってくるだろう」という見方が大半だったように思います。

しかし、私はまったく違った見方をしていました。

なぜなら、今まで３０００人以上の留学に関わってきた中で、彼の行動パターンは留学を経験して飛躍する人にそっくりだったからです！


キャリアアップのために海外留学をする社会人の中でも、海外に出てから飛躍する人と、効果の上がらない人にはある種の法則があります。

その法則に照らし合わせてみると、綾部さんの海外進出は理にかなっており、高確率で成功されると推測できました。私は当時、執筆を担当している東洋経済オンラインの中でそう予言しました。


芸能人は、世間から注目され、プライベートもある種犠牲にした状態で最高のパフォーマンスを維持することを求められています。熾烈《しれつ》な競争社会の中で人気と芸歴を保つためには、モチベーションを高く維持し、定期的なインプットをおこなったり斬新なアイデアを考えたりと、創意工夫や努力が欠かせません。

ハイパフォーマンスを維持するためのひとつの手段として、海外留学が活用されているように、私は思います。

では、オトナ（社会人）になってからの海外留学は、芸能人などの一部の人だけができる特別なものなのでしょうか。

芸能人の留学はワイドショーや週刊誌にとってはゴシップネタのひとつに過ぎません。しかし、専門家の視点でちょっと深読みしてみると、まったく違った見え方に驚くはずです。

そこには、芸能人のような特別な人だけでなく、一般のビジネスパーソンにもすぐに応用できるヒントが多く隠されているのです。

オトナ留学は芸能人だけのものではありません。

本書は、芸能人留学をタイプ別に分けて、忙しい社会人でも取り入れられるよう、紹介しています。気になる芸能人の章から読み進めていただいたり、自分に近いタイプの章から読んでいただいたりしても大丈夫です。

芸能人留学を別世界の話ではなく、明日から取り入れることのできるオトナ留学のヒントとして見ていただけますと幸いです。

オトナ留学には、現代社会の大人がより豊かに、そして仕事面でもパフォーマンスを上げる秘訣が隠されているのです。

序　章

人生100年時代の
海外留学

「リカレント＝学び直し」は人生を豊かにする

世界一の長寿国（ＷＨＯ［世界保健機関］２０１８年統計より）といわれる日本。ひと昔前までは、ひとつの会社で60歳まで勤め上げて定年後は悠々自適に……。そんなライフスタイルでした。

しかし、今は違います。健康寿命が長くなり、90歳まで働くというのもあながち非現実ではなくなってきたようです。

リンダ・グラットン、アンドリュー・スコット著『LIFE SHIFT（ライフ・シフト）１００年時代の人生戦略』（東洋経済新報社）でも、寿命の長期化によって先進国の２００７年生まれの２人に１人が１０３歳まで生きる「人生１００年時代」が到来するといわれています。

ちょっと想像してみてください。

終身雇用はなくなり、同僚は外国人、ＡＩやロボットの進出で働き方も進化している世界で、90歳まで働くことを。

今は元気で体力もお金も意欲もあるかもしれませんが、果たしてそれが10年後、20年後、30年後と保てているでしょうか。

不安になってきた人も安心してください。大丈夫です。長い人生を、より楽しく豊かに生きるための提案があるのです。


社会人としてキャリアを積んでいくと、ストレスもだんだん多くなり肉体的・精神的疲労も蓄積していきます。人生１００年時代の長い人生を生き抜くためには、どこかで、一旦リセットすることが必要です。

人間関係においても同様です。日本で社会生活を送っていると、周囲は自分を見知っている人ばかりになってきます。ここで、一旦リセットを挟めば初対面で会う人が増えるため、自己紹介から入る必要があり、自分の今後のキャリアや人生について客観視できる機会を得ることができます。

たとえ、一度や二度の失敗があっても「オトナ留学」でリセットできるのです。

学生時代や新入社員の頃は夢や希望があって毎日ワクワクしていたが、今は過去を振り返って反芻ばかりの毎日……。

こんな悲しいことはありません。ワクワクは、若い人だけの特権ではないのです。


何歳でも、海外で新しい知識や教養を学ぶことができる!


これが、「オトナ留学」の魅力なのです。

本書で提案するのは、リカレント教育(学び直し)としての海外留学です。

これからの時代のキャリア計画を考える上で、重要なポイントはつぎの2つです。

- キャリアアップや転職することを前提として、世界中どこでも通用するスキルや専門性

を身につけること

● AI化が進み、社会のスピードが増して行く中で、常に自身の情報や仕事上のスキルをアップデートすること

それらは社会人の「リカレント＝学び直し」といわれますが、政府も「人生100年時代構想会議」(「人づくり革命　基本構想」2018年6月13日　首相官邸ホームページ https://www.kantei.go.jp/jp/singi/jinsei100nen/ より) の中で、「リカレント教育の受講が職業能力の向上を通じ、キャリアアップ・キャリアチェンジにつながる社会をつくっていかなければならない。」と学び直しの重要性を説明しています。

そこでは、主に大学・専門学校・民間教育訓練機関など、日本国内での産学連携でのリカレント教育の推進を謳っています。

しかし、私は、忙しい日本の社会人こそ、海外に出て学び直すことが、より豊かに人生を過ごすことに繋がると確信しています。

なぜなら、海外で学ぶことでキャリアに役立つだけでなく、世界中の人とコミュニケー

ションできますし、得ることのできる情報量も一気に増えるからです。

日本語だけの狭いコミュニティの中で残りの人生を過ごすか、自分の領域を世界に広げていくか、どちらが豊かでワクワクするか考えてみてください。

オトナ＝社会人こそ留学に挑戦すべき理由

留学と聞くと、「学生がするもの」というイメージをお持ちの方が多いかもしれません。
ただ、先述した通り、今や人生100年時代に突入しています。100年のうち学生の期間だけが留学にいくタイミングだなんてもったいないです。

社会人でも留学に行っていいのです。

社会人であるからこそ、自分が好きなタイミングで、何回でも留学に行くことができます。
たとえ学生時代に留学を経験していなくても、社会人になってから初めて留学に挑戦するということも、十分可能です。

就活や座学を目的とした学生の留学と違い、社会人の留学はキャリアアップを目的にしたものが大半を占めます。一言で「留学」といっても、大学・大学院留学やMBA留学などのアカデミックなものから、美容や映画などの専門技術を学ぶもの、語学の習得を目的とするもの、また留学ではないですが、1年間その国の生活を楽しめるワーキングホリデー（ワーホリ）」など、選択肢は多種多様です。

自分のライフプランに合わせて選べる選択肢が豊富なのが、オトナ留学なのです。

「留学は興味あるけど、日々忙しすぎて、到底無理。」

そういった声も聞こえてきそうです。私も経験がありますが、右から左への仕事量が多い時期だと、3日間でも休むのが難しいという人もいるかもしれません。

多くの日本人の働き方は過酷です。毎朝のように満員電車に飛び乗り、職場の人間関係にも悩みを抱え、仕事の大きな達成感を得られぬまま、ストレスの多い日々をやり過ごさなければならない。そんな人も少なくないでしょう。

そんな日本の現状を見ていて、「すごく損しているな」と感じるのです。最も忙しい現代の社会人こそ、ある一定の時間を確保して、一歩外に踏み出してみるのです。思い切って、海外に出ることを心からオススメします。

具体的には、次のような効果が見込めます。

①ビジネスのグローバル・スタンダードが把握できる
②自分の強みを理解できる
③さらにその強みを磨いて、グローバル化することができる
④専門性を磨いて仕事の幅が広がる
⑤海外での経験値が上がることで、グローバル企業からのオファーを得やすくなる
⑥資格を取得してキャリア・チェンジに活かすことができる
⑦英語などの語学を習得できる
⑧海外のライフスタイルを体感することで人生がより楽しく豊かになる

特に、自分でビジネスをおこしたり、何か新しいことに挑戦し続ける魅力的な人は、社会人になってから意識的に海外に出ている人が多くいます。

あなたの周囲にも、セブ島やマルタ島に短期留学に行ったり、世界一周を経験したりしている人に心当たりがないでしょうか。

忙しい毎日に留学のエッセンスを取り入れることで、一生もののバリューを得ることができるのです。

成功する「リカレント」は芸能人の留学が教えてくれる

日本も働き方改革やリモートワークの推進などで、ようやく変えようとする動きがありますが、これでストレスが少なくなるかというと、失礼ながら難しいのではないかと感じています。

なぜなら、海外の働き方の本質を知らないまま、机上で改革をしようとしても結局は同じことだと考えられるからです。

営業時間外や休日まで会社に貢献する会社人間的な働き方や考え方は、とても根深いです。日本社会の「空気感」としては、根本的に何も変わっていないのではないでしょうか。

有名大学に入り、大手の企業に就職を目指す。日本では、長年、終身雇用の考え方が続いていました。欧米型の、「転職しながらキャリアアップをしていくスタイル」は受け入れ難い風土があるのです。

芸能人が留学するというニュースがゴシップとして扱われたり、「遊びに行くのでは？」というネガティブな邪推をされたりするのは、「自分は行けないのに芸能人だけ」「今の仕事を全うすべき」というその空気感に起因するところがあるように感じます。

しかし、より豊かに生きるための「リカレント」のヒントは、芸能人の留学にあると私は考えます。

人生100年時代は、より豊かに自由にキャリアデザインできるチャンスでもあるのです。「世界中どこでも働ける」経験やスキルを身につけてしまえれば、終身雇用でなくても、英語が公用語になっても何も恐れることはありません。

また、「日本以外の拠点がある」状態だと、不思議と日本でも活躍できてしまうのです。実際に不動産としての拠点がなくても、海外に精神的な拠りどころがあるだけでも相当負担が軽くなるはずです。

そのことを実践しているのが、本書で紹介する芸能人たちです。といっても、いろんなライフシフトのパターンがあるため、本書では、次のように「仕事」「語学」「人生」の3つの大きなカテゴリーに分けて紹介します。

〈目的：仕事のキャリア・スキルアップがしたい〉

・ビジネスキャリアアップ型
・お試し留学＋ビジネスキャリアアップ複合型
・スキル強化型

留学プログラム例：大学・大学院、ＭＢＡ、専門学校、海外インターンシップ、オペアケア（有給チャイルドケア）など

〈目的：語学力をアップさせたい〉

・語学力飛躍型

・語学力＋リフレッシュ飛躍型

留学プログラム例：語学学校、ワーキングホリデーなど

〈目的：人生をバージョンアップさせたい〉

・ディスティネーション重視型

・リフレッシュ飛躍型

・飛び込み＋現地定住型

プログラム例：ワーキングホリデー、ボランティア、国際協力インターンシップ、専門留学、語学学校、フォルケホイスコーレ（デンマークの人生の学校）など

留学の「成功」と「失敗」判断のポイント

これまで多くの留学希望者と接してきた中で、私は留学が「成功する人」と「失敗する人」（後悔している人）に、一定のパターンがあることに気づきました。同じ過ちを繰り返さないための教訓として、その中からいくつかの事例を紹介します。

「新卒採用」と「中途採用」の違いの壁

――朋美さん（27歳女性・システムエンジニア）の場合

ＩＴ関係の会社で働く朋美さんは英語が得意で、大の旅行好き。学生時代からお金を貯めては海外旅行に出かけていました。しかし、彼女の勤める職場・職種では得意の英語を活かすことができず、ストレスの溜まる毎日。そんな中、インターネットの記事でワーキングホリデーの存在を知ります。

それは、オーストラリア・シドニーのカフェでイキイキとアルバイトをする人の記事でした。「これだ!」ということで、勤めていた会社を退職。半年後には念願の海外生活をスタートさせます。

最初の3カ月間は語学学校に通い、TOEICは800点をクリア。その後、カフェや農場でのアルバイトを経験しながらオーストラリアの4都市を回りました。夢のような1年間はあっという間に過ぎ去っていきました。

と、そこまではよかったのですが……。

オーストラリアから帰国後、就職活動に入ります。現地で培った英語力を武器に、外資系企業や貿易商社を中心に受けていったものの、手元に届く通知はすべて「不採用」。ほとんどが書類審査の段階で落とされてしまったそうです。面接まで唯一進んだ会社でも「TOEIC800点というだけでは国際関係の部署はムリ」と言われてしまう始末。

いったいどうしてでしょうか?

新卒採用と異なり、転職者への面接では「具体的な経験」について、より厳しい目で見る傾向があります。海外経験であれば、履歴書にあるビザの種類も重要事項。ワーキングホリデー（ワーホリ）でオーストラリアに1年間行ったというだけでは、有効なアピールになりません。特にワーホリは、どうしても「ホリデー」の要素が強いので、そこで実際に何を経験したのかということがポイントになります。

朋美さんは、ＴＯＥＩＣのスコアと合わせ、アルバイト経験の中からビジネス的要素を抽出するしかありません。ところが、ここにも問題が。

実は、ワーホリの経験をキャリアアップにつなげたい場合、業務・成果へのコミットを求められるオフィスワークを経験していることが鉄則なのです。

しかし、朋美さんが取り組んだのは、接客・店頭作業が中心のアルバイトでした。

英語はもともと得意とはいえビジネスレベルではなかった朋美さんにとって、ワーホリでオフィスワークができる就業先を探すのは、難易度が高めです。同じＩＴ関係の仕事で探すか、そうでなければ有給にこだわらず、無給のインターンシップなども視野に入れるとよかったのかもしれません。

結局、朋美さんは同じ職種に再就職したのですが、前職よりも給料や福利厚生が下がってしまいました。いいリフレッシュにはなりましたが、キャリアアップという当初の目的は果たされなかったようです。

海外生活は「有限」と心得よ

――晃弘《あきひろ》さん（31歳男性・営業職）の場合

家電量販店で働く晃弘さんは、会社では今まで無遅刻・無欠勤。しかし、クレーム対応や残業の多さに疲れる毎日を送っていました。世間でいう「ワークライフバランス」とは無縁でした。「一生このまま働き詰めの毎日を送るのかな」と悩んでいた時に、海外で英語を学びながら住んでみたいと思うようになります。

年齢的にワーキングホリデーは難しい。そう考えた晃弘さんが選んだのは、カナダ・バンクーバーで9か月間の語学留学（学生ビザ）でした。

晃弘さんは、それまで海外経験がほとんどなかったため、最初は戸惑いもしましたが、慣れてくると、すっかりカナダ生活が気に入ってしまいました。

バンクーバーは世界で最も住みやすい街に選ばれたことのある都市。アジア人の移民も多いため、いくらか英語が話せれば、疎外感を抱くことなくローカルの気分が味わえます。また、仕事一筋だった晃弘さんにとって衝撃的だったのは、自然を愛し、各々がライフスタイルを満喫するというカナダ人の生き方や考え方でした。まさに晃弘さんが求めた「ワークライフバランス」がそこにあり、居心地のよさを感じたのです。

そんな9カ月は、あっという間に過ぎ、後ろ髪を引かれる思いで帰国。楽しかったカナダへの思いは途絶えることがなく、以前のように働く意欲が湧いてこなくなりました。

転職活動では、得たものとして「仕事に対する考え方」や「効率主義」など海外のビジネスカルチャーの長所を訴えたものの、面接官には響かなかったといいます。

学生のうちに海外経験を積んでいると、日本と海外双方の文化の違いに順応しやすいのですが、晃弘さんのように社会人になってから留学に参加する方は、海外の「ホワイトな生活」に慣れてしまうことの危険をぜひ認識していただきたいのです。

では、彼はどうすればよかったのでしょうか。

最も望ましいのは、MBA留学やエクステンションなど、社会人向けコースに参加することです。語学学校ならば、平均年齢高めのキャリア系の学校を選択するなどして、自分自身に仕事と同レベルの負荷をかけることがポイントです。

現地に移り住み、骨をうずめる覚悟があるならかまいません。ですが、そうではない方にとって、海外生活は「有限」です。

いずれ日本できちんと社会復帰するという自覚を持って、帰国後の現実的な自分像を思い描いておくと、余計な脱力感に襲われずにすむでしょう。

日本でしか通用しない学歴とプライド
——幸彦さん（27歳男性・商社勤務）の場合

幸彦さんは医者の家庭に生まれ、学生時代は生徒会長を務めるなど、周囲からも信頼され、順風満帆な人生を歩んでいました。私立の名門大学卒業後に父親の紹介で仕事をしていましたが、アメリカで働きたいということが、かねてからの夢として心に残っていました。

そこで25歳のとき、一念発起。

フィリピンで3カ月間語学留学をみっちりやって、ある程度英語力を伸ばした後、アメリカの西海岸にある名門大学のエクステンションのコースを受講。

ここからさらに飛躍するぞ！　と意気込んでいたのですが……。

幸彦さんは帰国後、就職活動に入ります。現地で学んだマーケティングの知識をフルに生かすべく、アメリカの大企業に絞って積極的に応募していきますが、思いのほか、苦戦を強いられたといいます。

その理由は自己PRにありました。

いつも英語で自己紹介をするとき、「○○大学出身です」と自信たっぷりに言っていたのですが、そこがいけなかったのです。

意外と海外の人は日本の大学は知らないものです。イメージ的にはかろうじて東京大学だけは知っているという感じです。それを知らずに、出身大学を一番のアピールポイントとして話してしまったため、「自分に自信がないのかな」と思われてしまったようでした。

転職エージェントからは大企業に限らず中小企業にも範囲を広げることをアドバイスされますが、プライドが邪魔をして受け入れることができませんでした。

結局、幸彦さんは帰国後2年間もニート生活が続き、父親の紹介で商社に再就職することにしました。

このように、高学歴であるがゆえに就職に苦労するケースも増えています。私も外資系企業で採用面接を担当したことがありますが、日本の名門大学を卒業し、履歴書は完璧でも、実際面接で会ってみると「一緒に仕事しにくそう」という印象の方が非常に多かったのを覚えています。大学ブランドへの依存度が高く、柔軟性や積極性に欠ける印象でした。

もちろん、努力で勝ち得てきた学歴・実績は何にも代えがたいものですし、無意味だと言っているのではありません。ですがそれ以上に、根本的に重要なことがあります。仕事をする中で、突発的な事象や理不尽なことに遭遇したとき、この人となら一緒に乗り越えられそうだと感じられるかどうか。

その点が備わっていれば、幸彦さんの結果も違ってきたはずです。

失敗から学ぶ！　社会人留学成功3つのポイント

最近は、生き方を模索する目的で海外に出る人も増えてきました。ＳＮＳでは良い面ばかり語られるため、彼らの選択は一見カッコよく見えてしまうのですが、「旅」と「留学」は全然違います。気をつけましょう。

社会人の失敗事例から学ぶ成功のポイントは、次の3つです。

①目標や適性に合った渡航先・学校を選定する（ビザの種類も重要）
留学に参加する前のプランニングが不足すると、留学自体がブレてきますので、自分に合った計画を立てましょう。プロの留学カウンセラーに相談するのもひとつです。

②現地および帰国後の目標を明確にする（でないと人生に迷います！）
目標設定は留学の成功にとって欠かせないものです。特に帰国後にどのようになっていたいかということを、より具体的に明文化しておくとよいでしょう。

③日本の学歴は「最大の武器」ではなく「プラスアルファ」として使う（社会人は経験重視）
日本では誰もが知っている大学でも、グローバル社会ではまず知らないと思っていた方がいいです。（唯一、東京大学だけは聞いたことがあるというイメージです）社会人にな

ってからでも、全然遅くありませんので、これからはグローバルな職業経験や学歴を意識することをオススメします。

第 1 章

「仕事」を学び直す

「仕事を学び直す」というと、時間的に損をしているとか、出世から遅れるとか、考えてしまう人もいるかもしれません。ずっと日本にいると、学生のときから常に同年代との競争があり、浪人や留学は競争から遅れてしまうと感じてしまうのも無理はありません。

しかし、思い切って海外に一歩踏み出すと、いかに自分たちが限られた世界の中で生きてきたかが実感できるものです。

しっかりと自分の意見をもち、自信をもって意見を発信することはビジネスの上でとても大切なことです。自分の立ち位置を実感し、発信力を欧米並みに高めるためには海外に出るしかないと私は思います。

そして、英語を習得し、グローバルなビジネス・リテラシーを身に付けることで、自身のスキルや経験を世界に向けて発信することもできるのです。

これからの働き方は、「自分」対「会社」という従来の考え方から、「自分」対「グローバル社会」という新たなステージにアップグレードされると予想されます。

海外も視野に入れたキャリア形成を、留学をきっかけに徐々に始めることで、不確実な世の中でも恐れずに進むことができるのです。

この章では、日本以外の国で仕事を学び直し、グローバルキャリアをスタートさせた3名の芸能人を紹介します。

世界は広いのです。一度きりの人生、日本側からしか物事を見ていないのは、本当にもったいないことではないでしょうか。3人の留学からはそんなメッセージも読み取ることができます。

ビジネスキャリアアップ型
――綾部祐二（ピース）

「人生で一度でいいから海外で働いてみたい」
「ビジネスの本場アメリカで経験を積んでから、日本でその経験を生かして活躍してみたい」

そのように考えたことのある方は、少なくないのではないでしょうか。
ビジネスキャリアアップ型の芸能人留学として紹介したいのは、意外かもしれませんが、お笑い芸人のピース・綾部祐二《あやべゆうじ》さんです。

綾部さんは、２０１７年10月11日、ニューヨークへ旅立ちました。
一般の方々の反応を見るかぎり、綾部さんの選択を無謀な挑戦だと感じる人が多いようでした。

米国留学が無謀ではない理由

綾部さんが取得したビザは著名なアーティストなどに与えられる「Ｏ《オー》ビザ」と呼ばれるものです。Ｏビザは科学や芸術、スポーツ、ビジネスなどの分野で「卓越した業績を残している人」に対して発給される特別なビザといわれています。就学ビザなどとは違い、現地での長期的な芸能活動に目的を絞って渡米されたということになります。

彼の米国挑戦を、私は理にかなったやり方だと考えています。彼の挑戦のアプローチ方法は、自身の専門性（得意分野）を把握して、そのスペシャリスト（専門家）として海外で経験と実績を積み上げていくやり方です。これはグローバルビジネスの分野では成功の方程式に沿った方法といえます。人を評価する際に重視されることは、グローバルな舞台での経験がどれくらいあるかということです。英文のレジュメでも真っ先に「WORK EXPERIENCE（実務経験）」からチェックされることが多いのはそのためです。

彼の行動の特徴として、日本でのキャリアをリセットしてほとんどコネのない海外でチャレンジしていることが挙げられますが、ある程度のリスクを取りつつも、新たなグローバルな環境で自己の専門性に磨きをかける。そうすることで海外では、第一人者としてキャリアの評価によりつながってきます。

無謀という人が多い背景には、日本と欧米のキャリアに対する考え方の違いが大きくあります。

日本では、まだ安定志向のほうが根強いことは事実でしょう。ひとつの安定した職業やポジションを磐石にしようと執着する人が多いと、私も留学の相談を受けていて日々感じています。

一般的に専門留学とは、語学だけでなく海外の高等教育機関などで特定の技術や知識について学ぶことを指し、就職や転職の前にスキルアップを目指して参加する方が多いです。

今回の綾部さんの場合は、インプット型の専門留学というより、アウトプット型の専門留学とでもいうべきビジネスキャリアアップ型の留学スタイルです。すでに日本でエンターテイナーとして実績を残していることを前提として、さらに米国で活躍することを目的にしているのです。

ニューヨークでの仕事ぶり

渡米後の彼の仕事としては、まず、ラスベガスのシーザーズパレスホテルの日本向けプロモーションのウェブＣＭに主役で出演します。シーザーズパレスホテルといえば、マライア・キャリーやセリーヌ・ディオンも長期公演をおこなったりする一流ホテルで、日本にもＩＲ（統合型リゾート）進出を考えていた経緯があったようです。エンターテイメントの本場でのＣＭ出演は、いいスタートといえるでしょう。

その後は、なんと２０１８年2月にスーパーボウル中継番組にゲスト出演を果たします。スーパーボウルは米プロフットボールＮＦＬの優勝決定戦で、現地では視聴率40％、視聴者数１億人を超える全米最大のスポーツイベントです。

5月には日米文化交流イベント、「Japan Day @ セントラルパーク」2018 Japan Run に参加、年末には、世界190カ国に配信されるNetflix のオリジナル番組「ファイナル・テーブル」にアンバサダーとして出演と、ニューヨークをベースにしているからこその彼の活躍だと思います。

インスタグラマーとしても、62万3000人（2021年7月時点）のフォロワーに定期的にニューヨークのライフスタイルを発信していて、コーラを飲んでいる写真をアップするだけで2万7000件を超える「LIKE（＝いいね）」がつきました（他の写真では5万LIKEを超えることも）。

芸人なので親しみやすいためか、多くのインスタグラムユーザーが投稿にコメントをしており、アクティブユーザーを生み出しているのもインフルエンサーとして存在感を増しています。

これらを、たとえば広報で働く一般のビジネスマンに置き換えれば、十分すぎる実績ではないでしょうか。

留学ソムリエ伝授！

取り入れポイント

このタイプの留学が向いている人は、次のような方です。

- 日本で専門分野の業務経験が３年以上ある
- 過去に留学経験がある
- 短期の海外研修や語学留学は学生時代に数回経験している
- 普段の仕事の中で英語でのやりとりが多い
- 自分の強みをよく理解していて次のステップに行きたい

実は、日本人の留学に対するアプローチは、今も昔も基本的にあまり変わっておらず、まず「英語の習得」から入ろうとする傾向があります。しかし、忙しい社会人は、時間的に余裕がもてず、「英語の習得」でストップしてしまう場合が多いです。

ですので、長期留学のチャンスが一回の場合、綾部さんのように直接キャリアアップ留学に挑戦することをオススメします。

具体的には、次のようなルートです。

①「自身の専門性の把握」

▼

②「英語学習は隙間時間にスマホやオンラインを活用して効率的に実施」

▼

③「キャリアアップ留学に挑戦」

このタイプの特徴は、自身の専門性（得意分野）を把握して、そのスペシャリスト（専門家）として実績を積み上げていくことです。

海外の企業は、ある1つの専門家「スペシャリスト」を必要としているのに対し、日本の企業はさまざまな種類の仕事を総合的にこなす「ゼネラリスト」を求めていることが多いです。

実際、私も日本の会社の業務は、営業、マーケティング、オペレーション、一般事務などと広範囲にわたっており、守備範囲が広いわりに、社内だけしか使えない知識が多く、そこにもどかしさを感じていたものです。

そんな日本で「専門分野の業務経験」というと、ハードルが高いように感じられますが、ほとんどの社会人は潜在的にスペシャリストの要素をもっています。ちょっとした工夫で、グローバルに通用する専門分野を自分の中に見出すことが可能なのです。

まずは、現在の仕事の中の業務を棚卸しして、自分の一番強い分野をなるべくピンポイントで抽出します。その強みは、法人営業でも接客でも事務でもリサーチでも、現時点ではグローバル感がゼロでも大丈夫です。

次に、その強みを英語に置き換えます。

綾部さんの場合を例にとってみますと、日本での実績は、「タレント」とゼネラリストなものからスタート。それをアメリカ人がわかるように、より専門性のあるものに棚卸ししていきます。たとえば、「Social media Influencer（インフルエンサー）」「Japanese TV Comedian（コメディアン）」「Japanese TV series actor（俳優）」みたいな感じでしょうか。それぞれに実績や経験のあるものが望ましいです。よりピンポイントに海外で認知されている分野に置き換えるのがミソです。

英語で自分の専門を置き換えることができたなら、ビジネスキャリアアップ型留学に挑戦できる下地があるだけでなく、グローバル人材としての第一歩を踏み出せる準備が整ったといえます。

これはグローバルビジネスの分野では成功の方程式に沿ったやり方です。そうすることで海外では、第一人者としてキャリアの評価によりつながってきます。

また、日本にいる間は、オンラインを活用して英語を学ぶこともポイントです。

オンラインでの英語学習は、新型コロナウィルスの感染拡大で渡航が制限された際に飛躍的な進歩を遂げています。

近年、日本でも雇用のあり方が変わってきており、いわゆる新卒一括型の採用「メンバーシップ型雇用」から欧米では一般的な「ジョブ型雇用」にシフトする傾向が見られるようになってきました。それにより、今後はよりビジネスキャリアアップ型留学の需要が増すと思われます。

いきなり海外でキャリアアップ留学をするのは、ちょっと不安という方は、次の渡辺直美さんの事例をご参照ください。

お試し留学＋ビジネスキャリアアップ複合型
——渡辺直美

「キャリアアップのために海外に行きたいけど、自分がやっていけるかどうか不安」
「まずは短期間で体験してから、長期にチャレンジしたい」

インターネットでの情報収集が容易な現代でも、人生をかけた海外留学には不安がつきものです。前述のピース・綾部さんのように、エイヤ！　と海外に飛び立つのはちょっと抵抗があるという方にオススメなのが、渡辺直美さんのお試し留学＋ビジネスキャリアアップ複合型です。

1回目のお試し留学

渡辺直美さんは、最初のお試し留学として2014年5月から3ヶ月間、ニューヨークに渡米しました。ちょうど、『笑っていいとも！』（フジテレビ系）のレギュラー出演が終わった時期です。

当時はすでにレギュラー番組が数本あったので、語学留学の決断をするのは、大変勇気のいることだったと推測できます。

ニュースメディアで報じられているところによると「他のタレントさんとは違う経験をして芸人としての幅を広げること」が目的のようですが、「本場でどれくらい通用するのか実力を試してみたい！」そして、「まず英語力を上げて次のステップに備える」というのが動機だったのではと私は考えています。

というのも、前年の2013年10月のバラエティ番組の企画で、ニューヨークの劇場でビヨンセのパフォーマンスをして、最後にスタンディングオベーションを受けているからです。その翌年に留学されていますので、その成功体験も少なからず影響しているのではないでしょうか。日本では、すでにビヨンセの物真似でブレイクしていたので、さらに自分の長所を伸ばす意味で、エンターテイメントの本場であるニューヨークに行きたいというモチベーションだったのでは、と考えられます。

ニューヨークでの3ヶ月間の英語学習は、マンツーマンレッスンを中心にみっちり英会話を学んだようです。アメリカは滞在が90日以内で、学校の授業が週18時間未満であれば、学生ビザ（F－1）の取得なしで電子ビザ（ESTA）だけで渡航することができます。

マンツーマンレッスンは、通常は個室でおこなうので、有名人の方でも周囲を気にせず英語に集中できるメリットがあります。自分の課題に応じてレッスン内容をカスタマイズできる点も魅力です。

また、日本人は、学校で習う英語がグループでの授業やインプットが多く、スピーキングやヒアリングなどの英会話が苦手な方が多いので、話す時間が長いアウトプット型のマンツーマンレッスンは、日本人に適した授業といえます。

3ヶ月という期間も理にかなっています。

前述のビザの話だけでなく、英語の伸びを実感するのも3ヶ月くらいを要するといわれており、語学学習の効果を感じられる最少単位がちょうど渡辺さんの留学期間です。ただ、これは個人差がありますｓ。３ヶ月でも伸びを実感しない人もいますので、可能であれば１週間でも長いほうが有利となります。

実際に彼女もインタビューの中で次のように言っています。

「本当にストレスだったんです。英語が、やっぱり日々覚えていくとはいえ、３ヶ月の赤ちゃんと一緒ですよ！　こういう思いがあるのに言えないとか、これが欲しいのに言えないとか、通じないストレスがすごいあって。」（モデルプレス２０１４年8月18日 https://mdpr.jp/interview/detail/1402207より）

留学中、英語に真剣に取り組んでいる人こそ、ストレスはつきものです。渡辺さんの場合は、息抜きにゲイバーに行ったり友人と食事を楽しんだりしながら、ストレスのコントロールをされていたようです。

近年は「語学＋α」の留学も大人の女性に人気です。

プラスαとは、ヨガやダンス、アロマテラピーやワインテーストなど習い事が多いのですが、渡辺さんの場合は仕事に直結させるため、もう少し本格的なものでした。参加したダンスレッスンの講師は、ビヨンセのバックダンサーを7年務めていた方で、アウェイの環境の中、ダンスで自分を表現することに成功したようです。レッスン初日は自分を出せずに終わったものの、2日目はテストの際に「ここで自分を出そう、頑張ろう！」と思って踊ったら、周りの実力派のダンサーたちも盛り上がったそうです。（J-WAVE「POP OF THE WORLD」２０１６年7月16日放送より）

１回目の短期留学の成果はどうだったのでしょう。

英語力に関しては、インタビューの中で次のように答えています。

「留学当時は、ゼロからのスタートでしたけど、いまは中2レベルくらいまではいけます(笑)。そこから勉強していないので、次は実践に移したいなと思っています」（女性自身２０１８年9月18日 https://jisin.jp/entertainment/entertainment-news/1665598/ より）

実際の英語レベルは判断が難しいですが、ゼロからのスタートから、着実にレベルアップしている様子はうかがえます。語学留学後の仕事振りも、3ヶ月のブランクは何のその、一気に飛躍しているのです。

帰国後すぐの9月には「第19回 東京ガールズコレクション 2014 AUTUMN/WINTER」に自身のブランド「PUNYUS」を初出展。芸歴10周年を迎えた2016年10月には、『Naomi Watanabe WORLD TOUR』をニューヨーク、ロサンゼルス、台湾の世界3都市で成功させています。そして2018年5月ニューヨークの国連本部で開かれた「TGCファッションセレモニー at 国連ニューヨーク本部」にも参加と、世界を舞台にした華々しい活躍ぶりです。

2回目の本気（キャリアアップ）留学

2019年4月からはニューヨークに拠点を移しての生活をスタートしています。ビザはピース・綾部さんと同じアーティストビザの「O《オー》ビザ」。1年間は日本と海外の仕事を半分にするということでした。

1回目のお試し留学で自信を掴んだ彼女は、満を持して2回目の留学に旅立って行きました。すでに下地も、実績もある彼女がさらに日本を離れて活躍するのは、間違いないでしょう。

彼女は自身のインスタグラム（2019年4月7日）に次のように掲載しました。

「ナオミってなにがやりたいの、
なにしてんのかわかんない
どうなりたいわけ？
って思う方。
わかりますw
そうです、あたすもわからない！w
でも未来って誰にも分からないじゃん！
分からないからこそ、動かないより動いた方が、未来が見えて来るかもって思ったよ！」

ニューヨーク生活がスタートしてからも、雑誌「CRUSHfanzine」の表紙を飾ったり、化粧品ＳＫ－ⅡのＣＭに出たりと、競争の激しい世界でコンスタントに頑張っている様子です。

２０２０年7月には、自身のYoutubeチャンネル「NAOMI CLUB」にて、レディー・ガガとアリアナ・グランデのコラボレーション楽曲「Rain On Me with Ariana Grande」の公式パロディを公開。レディー・ガガ本人からも称賛を受けて世界を驚かせました。

自身の情報発信は約９５３万人（２０２１年7月時点）のフォロワーがいるインスタグラムで、好きなタイミング・内容でできるため、自分で生活のリズムをコントロールでき、時間やマネージャーに縛られている日本の環境と違って、伸び伸びと創作活動ができるのは彼女の大きな利点といえます。

米ＴＩＭＥ誌の「ネット上で最も影響力のある25人」にも選出され、日本とニューヨークを行き来しながら活躍する渡辺さんのこれからの動きが楽しみです。

留学ソムリエ伝授！

取り入れポイント

このタイプの留学に向いている人は、次のような方です。

- 学生時代に留学した経験がない
- 英語力に自信がないけど、キャリアアップのために留学したい
- 長期で留学に行きたいが、やっていけるか心配だ
- 現職では数週間の休みであれば語学留学のために取れそう
- 語学留学と専門留学、それぞれの目的を明確に取り組みたい
- 2カ国留学に挑戦したい
- 留学の目的がまだはっきりしていない

渡辺直美さんの留学は、とてもユニークで彼女ならではの行動力に基づいていますが、整理してみると、まず3ヶ月間のお試し留学があり、数年してから満を持して長期専門留

学に行くという、留学の王道の道筋であることがわかります。

①「短期のお試し語学留学」 ビザ：観光ビザ

▼

②「長期のキャリアアップ留学」 ビザ：Oビザ

渡辺さんの場合も、いったん2014年に3ヶ月のニューヨーク留学を経験したことで、自分の可能性や課題が明確になり、帰国後の仕事ぶりや2回目の長期留学に繋がっていると思われます。

ただ、英語においては、本人も「英語がまったくわかりません。留学3ヶ月は何処へ。」（インスタグラム2018年5月30日より）と言っている通り、帰国してから使わないと忘れてしまう可能性がありますので、注意も必要です。

この留学スタイルのメリットは次の通りです。

● まず短期でいくことで適性がわかる
● 1回目は英語、2回目はキャリアアップの専門コースという様に、段階を経て学べる
● 1回目の現地の人脈が2回目の情報収集や手配の際に使える

特に、適性という意味では、留学にもその土地の気候や学校の学習スタイルなどに相性があるため、一度お試しで経験していくのはオススメです。

渡辺直美さんは2回ともニューヨークに絞って留学に参加していますが、このタイプの進化型として「2カ国留学」という選択肢もあります。

たとえば、なるべく留学費用を抑えたいという方は、最初の語学留学を授業料の比較的安いフィリピンのセブ島にして、マンツーマンレッスンで効率的に学び、2回目の留学はオーストラリアの高等専門学校で、ホスピタリティの資格を取得といった方法です。

〈2カ国留学の例〉

1カ国目　フィリピン・セブ島の私立の語学学校で8週間、マンツーマンレッスンを朝

から夜までみっちり1日8時間受講。滞在先はホテルで快適に。

2カ国目　オーストラリア・ブリスベンにある公立の高等専門学校TAFE（テイフ）でホスピタリティのディプロマコース（大学の1年次に相当）を一年間受講。滞在先はキッチン付きの学生寮で留学生同士の交流やオージーライフも満喫。

留学した経験がなかったり、ブランクが空いていたりする方は、長期のキャリアアップ留学にいきなりいくのは抵抗があるかもしれません。でも、諦めたらもったいないです。そんな際は、渡辺直美さんのお試し留学＋ビジネスキャリアアップ複合型の留学スタイルを試してみてはいかがでしょうか。

スキル強化型

――ATSUSHI（EXILE）

長年仕事をしていく中で、人間関係のほかに大変なことは、モチベーションを維持することではないでしょうか。

もしかすると専門的な仕事に就いているという方やずっと同じ会社にいるという方は、特にそうかもしれません。他人との競争はもちろんですが、自分との戦いは特に大変なものです。

海外留学は、今までのスキルをグローバル化させることができるだけでなく、モチベーションを飛躍的に上げる効果も見込めるのです。

芸能人でスキル強化型留学を経て飛躍されたのが、日本を代表する人気男性グループ

EXILE のボーカル、ATSUSHI さんです。

２０１６年、ATSUSHI さんは、突然の休養と留学を宣言しました。

留学を決断した理由

２００１年にデビューして以降、日本を代表するボーカリストとして絶大な人気があり、２００６年には EXILE ATSUSHI としてソロ活動もスタートします。２０１４年、初のソロアリーナツアー「EXILE ATSUSHI LIVE TOUR 2014 "Music"」で全国11都市24公演30万人を動員。さらに「第56回輝け！　日本レコード大賞」で最優秀歌唱賞を受賞。グループ、ソロとしての受賞は史上初の快挙でした。

そして、２０１６年ソロアーティスト史上初となる６大ドームツアーを成功させています。

そんな人気絶頂の中での突然の留学宣言は、周囲を驚かせました。

その理由を、彼はこう語っています。「２０１４年にやったソロでのツアー途中でも、自律神経の関係でめまいとかがしていたりとかから始まって、その辺りからバランス崩して。２０１５年の『AMAZING WORLD』というツアーで、楽屋で暴れるくらいの具合の悪さになっちゃって、そこら辺にあるパーテーションを蹴り飛ばした思い出がありますけど……（笑）。自分で言うのも変ですけど擦り切れるような状況で、逃げたい、消えたい。一回日本から離れたい。今行かないと、どこか何かが壊れるか、自分が音楽のこと嫌いになるか、病気になっちゃうか、何かが起こってたはず」。

（Real Sound ２０１８年４月14日　https://realsound.jp/2018/04/post-182754.html より）

傍目には順調そうでも、トップランナーならではの相当なプレッシャーや疲労感があったことが想像できます。

留学で活動を休止されることは、ファンの方には悲しいニュースだったかもしれませんが、長い人生の中で、とてもいい決断をされたと私は考えます。三半規管や自律神経の不調も、あれだけの激務を10年以上も続けていたら当然起こりうるでしょう。人生の中で、そうしたマイナスの時期をいかにやり過ごすかが、その後の飛躍の鍵を握っているのです。マイナスをプラスに、ピンチをチャンスに変えることができるのも、留学の魅力のひとつなのです。

アメリカでのささやかな日常

そしてATSUSHIさんは、２０１６年10月、アメリカに渡ります。

留学以降、定期的に発信されていたインスタグラムからは、一般の方からすると当たり前のような日常が彼にとってはかけがえのないものだったことが伝わってきます。

「今日のささやかな感動…。ステイ先のマンションのエレベーターで、（中略）一言"Have a great gig!!"と僕に言った。ギターを持っているからって、〝イイセッションしてこいよ!!〟なんて言ってくれた。アメリカでは普通の光景だが、感動して普通に気分が良くなってしまった。」（２０１７年４月19日インスタグラムより）

芸能人にとって海外に出るメリットのひとつは、自分のことを知っている人が限りなく少ないこと。一定期間、自分のことを誰も知らない場所で過ごすことで、人間的な生活のリズムが生まれるのです。

「Hi!」「Have a nice day!」と声をかける際も、アイコンタクトがあったりちょっとした笑顔が出たりします。海外では当たり前のことですが、日本では目を伏せてやり過ごしがちです。

名前も知らない人との、何気ない日常のやりとりこそが、日本人にとって心のリハビリとなり、バランスを整えさせてくれるのです。

これまでのストレスから解放され、大切なものを取り戻していくATSUSHIさんは、次第に音楽にも力を入れていったようです。現地のプロデューサーと全曲英語の曲をレコーディングしたり、以前コラボした、ボーイズ・Ⅱ・メンと再会したり、肩に力を入れずに本場での音楽活動を楽しんでいる様子が、インスタグラムの写真から読み取ることができました。

そして2018年2月に、ATSUSHIさんは帰国。『EXILE ATSUSHI PREMIUM LIVE 2018』で華々しく、復活を果たしています。のちのインタビューの中では、ネガティブになりそうな時にアメリカでの経験が活きたと、次のように言っています。

「最後の最後でアメリカで経験した大きな薬がいいように作用してくれて『楽しめばいいじゃん』って思ってたじゃん、自分でって。ブルーノのライブ観た時に心の底から思ってたじゃんって」

(Real Sound 2018年4月14日　https://realsound.jp/2018/04/post-182754.html より)

グローバル人材の要素のひとつともいわれる、「ストレス耐性が上がる」だけでも留学の醍醐味として十分ですが、さらに「海外で過ごした自分」が帰国後にはポジティブな応援者として伴走してくれることも、留学の副産物として大きな味方になるのです。

ATSUSHIさんの例は、日本で第一線で活躍していた人が、「スキル強化型」の海外留学を間に挟むことにより、さらに長くトップランナーとして活躍できるという事例です。

ボーカリストとして、ボイストレーニングをしたり、本場アメリカで一流のパフォーマンスを見たり、現地のプロフェッショナル達と仕事をしたりするような機会が、インスタグラムを見る限りあったようです。テクニック的なスキルの向上はもちろんあったと思われますが、最大の収穫は「楽しんでパフォーマンスする」というのを、実体験をもって会得することができたということではないでしょうか。

2019年4月には、平成最後の日で自身の39歳の誕生日でもある4月30日に〝日本の心〟をテーマとしたベストアルバム「TRADITIONAL BEST」を発売され、ますます今後の活躍が期待されます。

留学ソムリエ伝授！

取り入れポイント

このタイプの留学が向いている人は、次のような方です。

- 特定分野のスキルがある（レベルはATSUSHIさんのように高くなくても大丈夫！）
- 最近、仕事がマンネリ気味だ
- 趣味の幅を広げたい
- 海外でスキルを向上させることにより、市場価値が向上する見込みがありそう
- 海外でその道の第一人者に学んでみたい

専門留学とスキル留学の違いは、専門留学が、大学や専門学校に入学して、理論と実践に重きを置いた幅広い学習をするのに対して、スキル留学は必要な分野のみにカスタマイズして学んでいくところです。

特定分野のスキルに関しては、経験が浅くても初級レベルでもまったく問題ありません。その特定分野に関心があるだけでも構いません。

ちなみに、私がオススメする分野は、「料理（イタリアンやフレンチ）」「ワイン」などの食に関するもの、「サッカー」「ラグビー」「ゴルフ」などのスポーツに関するもの、「ボーカル」、「ヴァイオリン」、「ピアノ」など音楽に関するものです。

ATSUSHIさんの場合は、一旦仕事からは離れるとしても、HIP HOPやR&Bの先進国であるアメリカに渡り、音楽性やボーカルのスキルを向上させる戦略でした。

しかし、たとえその分野の先進国でなくても、異文化の環境の下で勉強をするだけでも新しい発見があったり、自分の強みや方向性が明確になったりすることができます。

ライフスタイルの変化の中で、副業や趣味の延長線で、留学に行くということも今後は増えて行くと思われます。たとえば、趣味のヨガをハワイでも学ぶことにより、さらにレベルアップしたり、サップやウクレレなどの他のスキルも一緒に学んでくることで、帰国後の自身の市場価値が上がったり、学んだスキルの組み合わせによる新しいコンテンツが創造できたりと、可能性がさらに広がるのです。

失敗例・成功例から学ぶ

少しでも自分にふさわしい仕事環境へ移りたいという思いは同じであるにもかかわらず、実際に仕事の学び直し留学をした人には思いどおりにいかなかった人と、期待以上の結果につながった人がいます。

いったいその差はどこにあったのでしょうか。同じオーストラリアでの２つの対照的なケースをご紹介します。

■失敗例

――哲史さん（28歳男性・営業職）の場合

都内の建設会社に勤める哲史さんは、大学卒業後に今の会社に就職、営業の仕事にも少しずつ慣れていきました。順調だった仕事にかげりが見え始めてきたのは、2年前の春ごろ。直属の30代の上司が転勤となり、50代後半のいわゆる昭和のたたき上げタイプの人が上司になったのです。

達成不可能なノルマに、サービス残業、営業会議では後輩の前で叱責される日々に、精神的にも肉体的にも疲れが出てきたことで、海外留学を契機に会社を辞めたいと思うようになったといいます。

「留学で仕事に使える英語を身につけて上司を見返してやりたい」

そんなことも考えた哲史さんの当時の貯金は70万円あまり。ストレスの多い職場から抜け出して、とにかく早く安く行きたい！　というのが優先順位でした。

そこで、安く海外に行く手段として、ワーキングホリデーを選びました。実家の親にも少し援助をしてもらい、オーストラリアのシドニーにある私立の語学学校に4カ月間通い、残りはアルバイトでなるべく長く滞在し、英語力を伸ばすという考えでした。

語学学校は、スマホのアプリで申し込みができるというサービスを利用して、あまり迷うことなくウェブサイトで調べた授業料のいちばん安い学校に申込手続きを行いました。

実際に現地での語学学校に行ってみると、学校はネットで見た写真とは違ってお世辞にもきれいとはいえず、英語のテキスト本はなく、印刷された紙のもののみ、しかも同じタイミングで日本から短期大学生が集団で来ていて、クラスの日本人の割合は9割とほぼ日本人だらけのクラスに配属されました。

同じクラスの学生のモチベーションはあまり高くはなく、大学生のノリで私語も多く集中できないため、だんだんこの学校に通うこと自体ストレスに感じるようになってしまいました。

「これでは仕事を辞めてまで海外まで来た意味がない……」

留学を斡旋《あっせん》した会社に学校を変更したい旨を問い合わせてみると「いったん入学すると返金は一切不可と契約書に記載されています」ということでまったく取りあってもらえませんでした。今度は仕方なく、語学学校にクラス替えを希望しても、繁忙期のため学校の対応は遅く、ようやく変更できても日本人が少し減っただけで状況はほとんど変わりませんでした。

結局、1カ月がたったところで、この学校に通うことを辞めてしまいました。次はアルバイトを探しましたが、唯一見つかったのは日本人がオーナーの日本食レストランで、ここでもほぼ日本語のみで残りの11カ月間を過ごすことになりました。

滞在も日本人同士でルームシェアをしながら過ごしていたため、英語を話す時間はほとんどなく帰国となってしまいました。

帰国後すぐに転職エージェントに登録しますが、エージェントからはワーキングホリデーはあまり武器にならないと告げられます。英語力をアピールできないまま、大手家電メーカーの子会社で契約社員として営業の仕事に就くことに。留学前の仕事よりさらに条件のよくない会社での就職を余儀なくされることになってしまいました。

オーストラリアでは、英語コースを設置して留学生を受け入れる学校は、CRICOS《クリコス》と呼ばれる政府登録制度に登録されなければなりません。

CRICOSに登録された学校だと、政府による授業内容、運営、経営状況など細かいスクリーニングを受けているので、ある程度の質が担保されています。

しかし、哲史さんが最初に申し込んだ学校は登録されていなかったのです。もし、登録された学校であったら、状況は違ったでしょう。

学生ビザ取得の場合は、CRICOSに登録された学校に通う必要がありますが、ワーキングホリデーのビザの場合は、CRICOSに登録しているかどうかは問われません。ただ、留学生を受け入れる正式な許可をもらっていないということはリスクもあります。

ワーキングホリデーの場合も、ちゃんとCRICOSに登録されている学校かどうか、事前に確認しておくことをオススメします。

■成功例
——祥子さん（27歳女性・ブライダル関係）の場合

関西のホテルにあるブライダルの部署で働く祥子さんは、昔から海外で勉強してみたいという願望があったといいます。ブライダルの仕事も嫌いではなかったそうですが、もともと関心のあったツーリズムを海外で学んでみたいという気持ちが高まって、オーストラリアにキャリアアップを目的に留学することを決意したそうです。

「1年後に留学に行く」と決めた後、大阪の留学エージェントに相談に行きました。担当の留学カウンセラーからは、オーストラリアには州政府が運営する「TAFE（テイフ）」という公立の高等職業教育機関があって、1年間でDiploma（高等教育機関の修了証明書）の資格を取得できることを教えてもらいます。

祥子さんは、特にツーリズムが盛んなクイーンズランド州のブリスベンに学生ビザを取得して1年間行くことを決めました。

実は大学に行くことも検討していたので、TAFEは大学へのパスウェイ（大学編入）プログラムも充実していると聞いたことも決め手になった要因のひとつでした。

ただ、実際の現地の授業は想像以上に大変でした。クラスのおよそ8割はオーストラリア人で留学生は祥子さんのように社会人経験のある人がさまざまな国から来ていたそうです。

なかでもとくに興味深かったのはロールプレイングのクラスだったといいます。クライアントにとって画期的な提案を立案するというお題で、2カ月間ほどかけて、予算やニーズにあったプランをチームでコミュニケーションを取りながら進めていきます。

メンバーと英語でやり取りするのはもちろん、時には意見が対立したり調整したりしながらプランを完成させ、最後のプレゼンテーションも先生から評価されたことで自信がついたそうです。

祥子さんは、1年間の留学を経て、念願の東京の大手旅行会社に就職が決まり、初年度からは難しいといわれるマーケティングの部門に配属が決まりました。

成功のポイントとは

今回の哲史さんと祥子さんの最大の違いは何だったのでしょうか。

2人とも現状の仕事環境をバージョンアップさせたいという点では共通していたのですが、出発前の情報収集ではっきりと明暗が分かれてしまいました。

哲史さんが活用したスマホのアプリケーションやインターネット検索はとても便利で、留学の情報収集でも有効性は高まっています。ただ、ある程度のベースとなる知識がないと、哲史さんのように現地で後悔することになりかねません。

費用がかかったとしても、祥子さんのようにプロの留学カウンセラーやコンサルタントに相談することでリスクを減らすことはできますし、留学の効果を最大化しやすいのです。

たとえばビジネスで海外進出しようとしている場合、ネットだけで現地の物件や手続きを進めるでしょうか。現地を視察するか、現地情報に詳しい人に頼るでしょう。留学も同じことが当てはまります。

〔留学ソムリエからのアドバイス①〕

有給休暇・休職・退職・転職……どうする？　留学中の仕事

忙しい社会人にとって留学に行けない最大の原因は、時間が取れないことではないでしょうか。

前述の学び直し留学のように長期の場合は、転職や退職を伴うケースも出てきますが、できれば有給休暇や休職で済ませたいという方も多いと思います。

今回は留学中の仕事についてちょっと考えてみましょう。

まずは有給休暇を活用して留学に行く方法について。

最近は、数日～1週間未満で参加できる「プチ留学」に参加する社会人が増えています。1週間未満であれば、海外旅行感覚で年次有給休暇などを使って行くことが可能なので、手軽なことは間違いありません。

特に、最近人気のディスティネーションとしては、マルタ島、ハワイ、セブ島、フィジーなどのリゾート地での短期語学留学です。

プチ留学でのポイントとしては、「ベストシーズンの場所に行く」「語学学校の1クラスの人数や、日本人割合をチェックしておく」「コスパを考えて滞在先のクオリティを下げすぎない」です。

いずれも事前確認がポイントとなります。

次に、休職して留学するパターンです。

会社によっては、休職・休暇などの人事制度を利用して留学できるケースもあります。

外資系の会社の場合は、より効率的に働き、休む時には休む！ という考え方です。特にヨーロッパ系の企業だと1ヶ月くらいバカンスで休んだり、有給取得率も日本の企業に比べてはるかに高いです。

面白い事例としては、アウトドアブランドのパタゴニアがあります。「社員をサーフィンに行かせよう」という創業者イヴォン・シュイナード氏の経営哲学も有名ですが、興味深い取り組みとして「環境インターンシップ・プログラム」というのがあります。最長2ヶ月間、仕事を離れて環境保護団体での活動に参加できるという制度です。

日本の企業でも、最近はメガバンクで留学目的の休職を認める柔軟な動きが出てきています。これも、これからの時代に合った優秀な人材を確保したいという狙いがあると思われます。ソニーでも「フレキシブルキャリア休職制度」という制度があったり、MBAを取得する目的であれば休職を認める大企業が出てきたり。

日本はまだこのような休職制度の導入が少ないのが現状ですが、グローバル企業や大手の企業を中心に留学への理解が深まってきているようです。

最後に、退職や転職して留学するパターンです。

留学に行くために退職するというより、退職して次の就職までの間を有効活用して留学に行くという人が多いです。まさに、そのギャップ（隙間期間）があれば、オトナ留学のチャンス！　です。再就職のタイミングもあると思いますが、再就職後の飛躍を狙って留学に行きましょう。
英語のブラッシュアップ、専門スキルの習得、インターンシップ、ボランティア活動とできる内容は多岐に渡ります。

キャリアチェンジの転職をする場合は、次の就職先のパスウェイとして留学を活用することがオススメです。社会人になってからの新しい分野への挑戦は、勇気とエネルギーがいるものです。そんな時にこそ、オトナ留学が絶大な効果を発揮します。特に座学として専門性を学ぶことは、社会人として貴重な機会となりますし、インターンシップで予習しておけば、現場に出る際への心構えや準備が整います。

オトナ留学と仕事は、まさに表裏一体といえるくらい連動しています。これらのタイミングで「時間」を捻出して留学に挑戦してはいかがでしょうか。

第２章

「語学」を学び直す

日本人にとって英語は、永遠の課題ともいうべき奥の深いテーマかもしれません。多くの人は中学・高校と6年間は勉強してきたはずなのに、外国人から英語で話しかけられてドキッとしたり、自己紹介や道案内も自信がなかったりという方も少なくないかと思います。

一方、世界の動きは、オンライン会議の増加や非英語圏の英語を使ったビジネスの拡大など、ますますボーダレスになってきています。自動翻訳も進化していますが、すべてを委ねるのはまだ先になりそう。このままでは、英語が話せないが故に、日本だけが取り残されてしまいそうです。

「英語＝欧米」という構図から変化し、いまでは「英語＝世界のビジネス公用語」といえます。アジアなどでも英語が話せると一気に世界が広がるのです。

今後は、経済的にもアジアやアフリカなどの平均年齢が若く、労働人口の多い国が伸びるのは間違いなく、発展性のある国に活躍の場を広げるためにも、英語はより欠かせないものになっていくでしょう。

この章では、留学後に、英語力を活かして海外での音楽や映画の活動を拡大し成功を収めている2名の芸能人を紹介します。

日本の多くの社会人は会社の中で、常に協調性を求められ続けており、個性や創造性を抑えながら我慢していることで、慢性的なストレス状態にあります。英語留学の際にリフレッシュすることは、キャリアアップだけでなく長生きにもつながると思います。

たかが英語、されど英語です。

人生を変える英語留学、取り入れてみてはいかがでしょうか。

英語力飛躍型

――ディーン・フジオカ

英語が流暢に話せると、日本人にはどれくらいのポテンシャルがあるのでしょうか。
英語力飛躍型の留学をした芸能人として、ディーン・フジオカさんの例を紹介します。

ディーンさんといえば、ご存じの通り、NHK連続テレビ小説『あさが来た』の五代友厚役でブレイク、その後は流暢な英語と端正な顔立ちで俳優として大活躍されています。
その名前から帰国子女を連想しがちですが、両親ともに日本人ということで、後から英語を習得されているのです。

いったいどのようにして、英語を習得されたのか、またその事によって起きた変化とはどういったものだったのでしょうか。

初めての海外・アメリカ留学

１９９９年、高校を卒業したディーンさんは19歳の時に、アメリカ西海岸ワシントン州に留学します。タコマにある語学学校で半年間、カレッジ入学に必要な英語の勉強をした後に、シアトルのコミュニティカレッジ（コミカレ）に留学しました。そこではＩＴを専攻し、Ｗｅｂデザインなどを学んだそうです。

高校を卒業してから海外のカレッジに進学するこのパターンは、海外進学ということで、近年増加傾向にあります。

ディーンさんの場合は、2年制のコミカレで終了されていますが、4年生大学の3年次に編入することもできます。ランキングのトップ大学に入ることも可能で、特にアメリカは大学のバリエーションが豊富なので、一番人気となっています。

アメリカ留学時代については、インタビュー記事（『ドラマ「はぴまり」フォトブック

主演ディーン・フジオカ』〔小学館 C&L MOOK〕）によると、

「朝から午後まで授業に出る。終わったら夕方からジムに行って、トレーニングしたりボクシングをやったり。あとはギターの練習をして。そして夜はクラブに遊びに行く。それが僕のルーティンでした。カレッジでの日々はとても刺激的で充実したものでした。」

ディーンさんの留学スタイルは、インプットとアウトプットのバランスが絶妙です。日本の英語教育は、インプット型が多いといわれています。それゆえに会話やディスカッションが苦手という人が多いので、留学中はなるべくアウトプットする機会を作ることが重要です。

さらにアウトプットの場所もキャンパスの外に作ることで、さらに効果が増します。カレッジでの勉強以外に、積極的にクラブに出向いたり音楽を通して自己表現したりする事も心がけたようですが、そこが英語力を飛躍的に伸ばすポイントだったのです。

英語をアクティブに使えるようになるためには、教室で習っただけではダメで、覚えた英語を実践の場で使うことを繰り返すことが必要不可欠なのです。その意味において、ディーンさんはとても効率のよい留学生活を送られたといえます。

アメリカ留学後の武者修行時代

シアトルのカレッジを卒業した２００１年、アメリカ同時多発テロが起きます。それをきっかけに、ディーンさんはアジアへと活動範囲を広げていくのです。中国・韓国・カンボジア・ベトナム・タイと放浪する中で、香港で新たなキャリアをスタートされます。モデルやＣＭの仕事を経て、映画『八月の物語』の主役に抜擢されると、全編広東語での撮影にチャレンジし、流暢な発音で見事に演じきっているのです。撮影が決まってからは、毎日マンツーマンで猛特訓したそうです。

ここで参考にしたいポイントは、言語を話す必要性を作ってしまうこと。撮影の日程が決まっていれば、完璧に習得せざるを得ないので、頑張るしかありません。いわば、自分を追い込む作戦です。

一般の方の場合だと、仕事上で英語を使用する業務に就く、英語の会議やプレゼンの予定を入れる、海外出張に行くなどの方法があります。誰でも恥はかきたくないので、自然と頑張れてしまうのです。

また、英語の習得もそうですが、必要性があると英語力がアップしやすい傾向があり、私も実体験として実感しています。

ディーンさんの海外キャリアはその後も台湾、インドネシアとさらに続きます。そして日本でのブレイクとなる訳ですが、海外での経験の中で次のようなスキルを身につけられたと私は考えます。

- すべてのコミュニケーションのベースとなる英語スキル
- 外国語を短期で習得するスキル
- ネットワーキング
- ゼロから創造するスキル
- 自分自身を知り、ブランディングするスキル

グローバル人材として必要とされているスキルを、自然と海外経験の中で習得されたよ

うですが、もっとも大切なのは、ベースとなる英語スキルです。

英語のコミュニケーションスキルが上がることで、自信をもって自分を発信することができるようになります。

この「自信をもつ」というのが、海外ではとても重要です。「自分の英語が伝わるかな?」「発音は間違っていないかな?」と心配していると、自信がないように見え、交渉もうまくいかないことが多くなり、英語自体も伝わりにくくなるのです。

留学ソムリエ伝授！　取り入れポイント

このタイプの留学が向いている人は、次のような方です。

- 将来グローバルな環境に身をおきたい
- 具体的にやりたいことはまだ決まっていないが、海外とやり取りする仕事がしたい
- 昔から英語コンプレックスがあり克服したい

● 社内に外国人が増えてきた
● 海外出張や海外赴任を控えている
● 世界に向けて発信したいものがある

英語力飛躍型に関しては、実は日本人の多くの人に当てはまるかもしれません。日本人の英語レベルは、教育機関のEFが発表した英語能力指数のデータ（2020年）によると100カ国中55位と「低い英語能力」として位置づけされています。同じアジアの韓国が32位なのに比べるとかなり差がついており、英語力が低いことによる国際競争力への影響も懸念されるところです。（EF EPI レポート https://www.efjapan.co.jp/epi/ より）

英語力が上がれば、ディーンさんのように国を選ばず活躍の範囲が広がり、より多くの人にアピールすることができるのです。

いくら才能やスキルがあっても、努力することができても、海外で認めてもらうためには英語が話せることがまず必要です。逆に言うと、自信をもって英語を話すことができれば、海外で自分の能力を最大限に発揮することができるようになり、グローバル社会での可能性が飛躍的にアップするのです。

ディーンさんの英語力アップのポイントとしては、次のようなものが考えられます。

まず１つ目は、「留学により１００％英語環境に身を置いた」ことです。留学に行かなくても英語学習はオンラインでも可能になってきているのですが、飛躍的にアップさせるためには、英語環境を整えることが効果的です。そういう意味で留学で海外に身を置くことが有効なのです。

２つ目のポイントは「インプットとアウトプットのバランス（特にアウトプット多めに、環境も変える）」です。ディーンさんは、絶妙なバランスを意図的に維持されていたと思います。

３つ目のポイントは、「外国語を話す必要性を作る」です。前述の通り撮影に向けて自分を追い込んだことで、そうせざるを得ない環境で語学を向上させることに成功します。

そして最後のポイントは、「自信をもつ」です。自己肯定感の低さは日本人特有の弱さとも言えますが、自信をもって話すだけで、声のトーンや表情などコミュニケーションの精度が上がるのです。結果、英語や自分の意思が通じやすくなります。海外生活を乗りきったことから自信につながり、結果英語のコミュニケーション力向上につながったのです。

また余談になりますが、カレッジ留学中のルーティンとして、トレーニングやボクシングなどの運動が出てきていましたが、これはモチベーションを維持するのに大変有効です。そういえば、渡辺直美さんやATSUSHIさんも運動していましたが、留学中は軽いうつ状態になる人も多いので、体型維持だけでなく思考をポジティブにもっていくためにもいいと思います。

ディーンさんは親の意向で高校を卒業してから留学に行きました。親や周囲の理解を得ておくと、英語の勉強にも専念しやすいですね。

さらに、とにかく英語力を伸ばしたいという方には、国や教育機関の選択がとても重要です。自分が英語を使って何を達成したいのかと事前にとことん考えておく必要もあります。

たとえば、1年間留学に行けるとして、語学学校の総合英語コースを48週間受けるだけよりも、英語力が中級以上になったら、ケンブリッジ英語検定のコースやビジネス英語のコースを受けたり、インターンシップで実践的に英語を使う機会を取り入れたり、より実践的な内容にシフトしていくことがオススメです。

英語試験は、ケンブリッジ英検の他に、TOEICやTOEFL、IELTSなどさまざまな種類がありますが、留学後のキャリアに合わせて適正な試験の種類を選ぶとよいでしょう。

社会人の場合は、ざっくり申し上げると、日本国内をベースに活躍したいならTOEIC、世界を舞台にするならケンブリッジ英検、大学・大学院などさらにアカデミックに留学を考えているならTOEFL（アメリカ中心）・IELTS（イギリスやオーストラリアなど）です。

英語力が最大限に向上した状態の留学の後半、もしくは帰国後すぐに受験するのがいいでしょう。

留学に行って、自分が今まで超えられなかった英語の壁を破る、ブレイクスルーを体験したら、いよいよグローバル人材の第一歩を踏み出しましょう。

英語力＋リフレッシュ飛躍型

――赤西仁

海外留学で英語を学ぶメリットはディーンさんの章でもお話しした通り、１００％英語の環境に身をおくことでブレイクスルーを経験しやすくなることです。
英語力がアップするだけでも、さまざまな効果が見込めるのですが、特に社会人の留学にはある一定期間、海外に身をおくことで、心身共にリフレッシュし、帰国後に飛躍する原動力となることがあります。

社会人として仕事に邁進していると、時に仕事がマンネリ化してしまったり、ストレスを感じてしまったり、煮詰まってしまうことがあります。そんな際は、気分転換やストレス解消として、スポーツや趣味などを休日に行う人も多いと思います。ただストレスや疲れを解消するだけでなく、それをきっかけに飛躍の原動力に変える方法があるのです。

人生100年時代の働き方の一環として、海外留学で英語を学びつつリフレッシュすることを、ここに提案します。

帰国後は留学のタイムロスを感じさせずに、仕事でも飛躍する。そんな「英語力＋リフレッシュ飛躍型」の留学を経験した芸能人が、赤西仁さんです。

突発的な活動停止と留学

当時、人気グループ「KAT-TUN」の中心メンバーだった赤西仁さんが、デビューしてまもなくの2006年10月に留学を理由に活動を一時中止し、渡米すると発表した際は、大変な騒ぎとなりました。記者会見の様子は、ニュースや情報番組でも報じられ、記憶している人も多いのではないでしょうか。

留学先はアメリカのロサンゼルスで、英語力アップのために語学学校で学んだようです。

ロサンゼルスといえば、留学先としても屈指の人気のロケーションです。良質な語学学校や大学などの教育機関も多く、休日にはショッピングなども楽しめる利便性、そしてカリフォルニア・ブルーといわれる透き通った青空やサンタモニカ・ビーチなどの自然も魅力です。

留学中の赤西さんの情報はあまり公開されていないため、留学業界の経験で推測すると、語学学校での少人数でのクラスやマンツーマンレッスンなどを受けられたのではないかと思います。

ロサンゼルスのダウンタウンにある語学学校は、一般的に日本人比率が高めなため、通常のクラスに芸能人が行くと騒がれて英語の学習に集中できないはずです。ですので、日本人比率が低めで自分のことを知らない人達が多いインターナショナルな環境を選ばれたのではないでしょうか。

留学後に赤西さんが、海外のメディアからのインタビューに受け答えする動画を見て、正直驚きました。想像以上にとても流暢な英語で応答されていたのです。

ヒアリングもスピーキングも半年間の語学留学で、このレベルまで話せるようになるのは、英語留学としても一定の成果をあげているといえるでしょう。ただ、本人曰く、もともとインターナショナル・スクールに通う友人が多かったそうで、（音楽ナタリー２０１３年11月６日 https://natalie.mu/music/pp/akanishijin/page/2 より）幼少の頃の環境も少なからず影響してそうです。

英語学習法については、映画を字幕なしで見たり、洋楽にずっと触れていたことをあげていますが、海外のメディアからのインタビューに即興であれだけ応答できるのは、自分の専門分野におけるアウトプットの場数を踏んでいるため自信をもっていることが大きいと私は思います。

留学中にロサンゼルスのクラブに行って、同じカルチャーの友人とのコミュニケーションが役立っていると想像できます。クラブのような騒々しい環境のもと、英語で会話をすると実践力が鍛えられることもあるのです。

世間からは突発的な活動休止や留学と見えていたようですが、本人は以前より留学を考えていたようです。のちに事務所を退社する際にフェイスブックで「子供のころからの夢である海外での活動」という表現をしていて、ピース綾部さんや渡辺直美さんと同じく海外進出を視野に入れての留学だったと思われます。

帰国後の活躍

半年間の語学留学を終えて、２００７年４月に芸能活動に復帰します。復帰後も日本のメディアでは、赤西さんの恋愛遍歴やグループとの不仲説を前提としたゴシップに注目していたきらいがあります。

ここでは、ソロ活動開始後（２０１０年７月以降）の海外でのパフォーマンスに焦点をあてていきましょう。

２０１１年11月には、JIN AKANISHI 名義でアルバム『TEST DRIVE featuring JASON DERULO』をリリース。全米デビューを果たし、アメリカ iTunes ダンスチャート１位の快挙を成し遂げます。総合チャートでもトップ10入りという快挙です。

また翌２０１２年には、「47RONIN」（２０１２年11月米国公開）でキアヌ・リーブスと共演してのハリウッド・デビューを飾っています。
音楽・映画というアメリカの2つのエンターテイメントで、競争が激しい中、実績を残すのはすごいことです。
その後も2014年に自身が主催するレーベルGo Good Recordsを立ち上げ、2015年に中国の文化アワード「2016爱奇芸尖叫之夜」で、日本人として初となる「アジア人気アーティスト賞」「年度音楽大賞」を受賞したりと活躍の幅をアジアにも広げています。

アメリカからアジアの流れは、ディーン・フジオカさんにも通じるものがありますが、中国を中心としたアジアのマーケットへの展開はビジネスもショービズ界も同じことがいえるでしょう。

赤西仁さんが、あのまま「KAT-TUN」のメンバーだったとしたら、今のように自由に創作活動に打ち込んだり、海外を中心に活動したりするのは難しかったかもしれません。ましてやゴシップで騒がれながらだとなおさらです。

英語力アップやリフレッシュをし、海外のキャリアにシフトしていったのは、留学がいいきっかけになったのは間違いなさそうです。

留学ソムリエ伝授！

取り入れポイント

このタイプの留学が向いている人は、次のような方です。

- 最近仕事がマンネリ気味だ
- 仕事で心身ともに疲れ気味だ
- プライベートで恋人と別れたばかり
- 職場の人間関係に疲れを感じている
- 順調だった仕事の業績が伸び悩んできている
- クリエイター系で新しいアイデアが浮かんでこない

赤西さんがデビューしたばかりの２００６年に留学した真の理由は、当時の本人にしかわかりません。ただ、大事なデビューの時期に海外に渡航するのには相応の事情があってのことと推測できます。

しかし、その事情から一旦距離を置いて、世界的にも恵まれた環境のロサンゼルスで、留学生活を経験すると、日本では見えなかったものがいろいろと見えてくるものです。それは、自分の立ち位置や、仕事・人生の優先順位、今後のキャリアについてなどです。

リフレッシュというと、遊びに行くように思われがちですが、一旦、日本のしがらみから完全に解放され、新たにバージョンアップの準備に入ることを意味しているのです。

リフレッシュすることで、マンネリ化から脱却することができ、留学後の飛躍に繋がると私は思います。

赤西さんの場合も、将来のために英語を上達させるのと同時に、「リフレッシュ（バージョンアップ）」する手段として留学を選択されたような気がしています。

また特にクリエイターの方だと、生活の環境をガラッと変えることで、創造力や感性を磨く期間にもなり、よい相乗効果を生み出したりもします。ATSUSHIさんの場合もそうでしたが、赤西さんも西海岸のカルチャーを吸収して、その後の創作活動によい影響を与えているようです。

ますます国際的なアーティストとして、赤西仁さんの活動に注目したいと思います。

日本人は、とてもストレスの多い社会を生きています。より人生を楽しく、長生きするために、適度な「息抜き」はその後の活躍のために、必要不可欠と私は思います。ですので、海外留学で英語を学びつつリフレッシュするライフスタイルを、ぜひオススメしたいのです。

最後に英語力＋リフレッシュ飛躍型のオススメの留学先ベスト5は次の通りです。

1. マルタ島（社会人向けコースを持っている語学学校も）
2. セブ島（英語のマンツーマンは定評あり、社会人向け学校も）

3. ハワイ（リフレッシュ重視の方は特にオススメ）
4. フィジー（世界幸福度ランキング1位の国で語学留学が可能）
5. タイ・チェンマイ（意外と英語の学校もあり、アジア好きな方はぜひ）

以上、あくまで参考にしてもらえればと思います。リフレッシュできるポイントは人それぞれ違いますので、自分にあった国・都市を選ぶのが一番です。

リフレッシュしつつ英語を習得することができたら、留学後の就職・転職先も全世界が対象となります。

失敗例・成功例から学ぶ

日本の多くの社会人にとって、英語はいつまでたっても悩みのタネです。

最近は英語の学び直しのために短期留学に参加する社会人が増えています。短期のプチ留学であれば、年次有給休暇などを使って行くことも可能です。

ただ、事前に情報収集をしっかりしておかないと、現地でこんなはずじゃなかったとなることも。

事前に滞在先や学校について念入りに下調べすることが、思わぬトラブルの軽減に役立ちます。

事例から学びましょう。

■失敗例

――憲之さん（40代男性・エンジニア）の場合

大人の短期留学先としての代表格は、フィリピン・セブ島のマンツーマンレッスンです。アウトプットの絶対量が足りない日本人にとって、明るいフィリピン人の先生とのマンツーマンレッスンは、会話力を伸ばすのに最適な学習環境です。ただ、せっかく参加したのに合わなかった例もあるようです。

半導体メーカーに勤める憲之さんは、ベテランのエンジニア。サンフランシスコでの大規模な展示会の手伝いで3カ月後に渡米することになりました。展示会の前後には、現地支社での打ち合わせもあります。大学を卒業してから英語を話す機会がほとんどなかった憲之さんの場合、とにかくそれまでに英語をなんとかしないといけないと差し迫った状況だったといいます。

藁《わら》にも縋《すが》る思いで、有給休暇を利用して、フィリピン・セブ島に1週間の留学に行くことにしました。

学校は、韓国資本の大きめの語学学校。1日8時間の最も時間数の多いコースを選びました。

しかし、結論からいえば、このスパルタレッスンはうまくいきませんでした。

朝8時から夕方18時ごろまで、マンツーマンで行われる会話のレッスンは、想像以上にきついもの。集中力が続かず、「もういいや、と思ってしまった」とのことでした。

普段まったく英語を使っていない人がいきなり英語のキャッチボールをすることになれば、1時間でも結構負荷がかかるものです。

モチベーションが上がらなかった原因として、先生がビジネス英語に通じていなかったこともありました。結局、憲之さんは授業時間を6時間に減らしてもらって、不完全燃焼のまま帰国することになってしまいました。

■失敗例

――絵里さん（20代女性・事務職）の場合

留学先としての1番人気はやはりアメリカです。ロサンゼルスやニューヨークはもちろん、最近はサンフランシスコやサンディエゴも人気となっています。ただ、一方で参加者からのクレームが最も多いのもアメリカです。

東京の大手商社に勤める絵里さんは、旅行好きなＯＬ。連休になると海外旅行に出かけることが多く、ここ数年はハワイやモルディブなどリゾート地に出かけていました。海外に出るたびに思うのは、英語が話せたらな、ということ。特に現地のリゾートホテルのアクティビティやパーティで、旅行者同士で話したりする際に、英語で苦労することが多かったそうです。

そこで、今年はいつもの旅行ではなく、プチ留学にチャレンジすることにしました。行き先は海が近いということでロサンゼルスに決めたそうです。

なるべく費用を抑えようと、街の中心から少し離れたエリアにある私立の語学学校を選び、午前中だけの一般英語コース（午前）を受けることにしました。ＳＮＳのインスタグラムで見るかぎり、学校の雰囲気はよさそう。ネガティブな口コミが少し気になりましたが、旅行の渡航先を決めるときと同じように即決しました。しかし、旅慣れた絵里さんでも今回ばかりはうまくいかなかったようです。

まず、クラスの人数が20人近くいました。発音に自信のない絵里さんは質問する際もちょっと緊張してしまいます。加えて、いつもざわついた雰囲気なのが気になります。というのも、韓国からの留学生が大半を占め、休み時間には韓国語で大盛り上がりなのです。「英語を話せるようになりたい」という目的で来たにもかかわらず、英語を使う時間が意外と少ないことに気持ちが焦るばかり。あっという間に金曜日の最後の授業を迎えることになりました。

絵里さんは、次回は就学ビザを取ってでも午後までの少人数の授業がある学校を選ぼうと決めたそう。目下、計画を立てているところだそうです。

■成功例

――恵美子さん（28歳女性・食品メーカー勤務）の場合

都内の食品メーカーで営業を担当している恵美子さんは、取引先からの信頼も厚く、社内の評価も高い「デキる社員」でした。ただ入社から数年がたつと、新入社員の時のようなやりがいを感じられなくなります。希望している海外事業部は非常に狭き門のため、なかなかチャンスが巡ってきません。

このままでは人生、後悔してしまう……。そう思った恵美子さんは、惜しまれつつも会社を辞め、海外留学でビジネスでも通用する英語を身につけて、再チャレンジすることを決意しました。

予算の都合で決めた半年間の留学を、なるべく有効に活用したいと考え、まずは会社勤めをしている頃から、帰宅後にオンライン英会話に取り組み始めます。ある程度レッスン時間が自由になるオンライン教室は恵美子さんに合っていたようで、フィリピン人の講師とオンライン上で話すうち、少しずつ英語に関する自信を取り戻していったといいます。

ここで満を持して留学に踏み切ります。行き先は迷ったあげく、カナダ・トロントの私立のカレッジを選択。日本人率が少なくビジネス英語のコースが充実していることと、卒業後にインターンシップの機会があることが決め手となりました。

現地の授業は想像以上にハードで、夕方までみっちりと講義を受けた後も、課題と復習で深夜まで休みなし。準備をしてきたはずの英語も、最初の3カ月間はまるで聞き取れず、泣きそうな日々だったそうです。

ただし、退職して退路を断ってきた恵美子さんはここで踏ん張りました。積極的に先生に質問をし、地域のカフェをリサーチする課題では、人一倍時間をかけながらも、最も優秀なレポートと評価されるまでになりました。コース終了後は、レポートに書いたコーヒーメーカーのマーケティング部門でインターン。念願の海外のビジネスシーンで経験を積むことができました。

現地の会社でインターンをする中で彼女は、個々のプレゼンスキルの高さ、つねに意見を出さないと生き残れない厳しさ、決定・実行のスピードの速さなどを実感したそうです。

帰国が近づいてくると、日本の会社にレジュメを送り、オンラインでの1次面接に合格、帰国後すぐに2次・3次面接に臨み、食品メーカーの海外事業部の北米担当として、めでたく採用を勝ち取りました。

成功のポイントとは

恵美子さんが成功をつかんだ要因は、念入りに下調べをして行き先を決め、インターンシップという実践活動（アウトプット）を取り入れたこと、そしてなんと言ってもつねに「一歩先」を意識して動いたことでしょう。

英語は留学してからみっちり勉強しよう、転職先探しは帰国後に考えればいい……という頭では、いざというときに身動きが取れなくなることもあります。決断し、踏み切ってしまう前に、今できること、先にできることはないかと、考えてみてください。

［留学ソムリエからのアドバイス②］

「留学したのに話せない！」を回避する現地生活のコツ

皆さんの周りにもアメリカのコミュニティ・カレッジに２年間留学に行ったのに、ほとんど話せないとか、カナダにワーキングホリデーに行ったのに、日本人同士でつるんでしまって、まったく英語を話す機会がなかったという人はいないでしょうか。

今回はそんな「留学したのに話せない！」とならないために、英語の壁を突破すること（ブレイクスルー）に成功した３つのケースを見ていきたいと思います。

■留学最初の１カ月はホームステイを選択

――弥生さん（28歳女性・翻訳会社勤務）の場合

弥生さんは、大学の英文科を卒業した後、翻訳専門の会社に就職。主な業務は海外メーカーの取扱説明書を日本語に直すことです。

弥生さんのTOEICのスコアは、なんとほぼ満点。ただ、英会話に対してずっとコンプレックスをもっていました。会社を休職し、海外留学を決意したのはそんな苦手意識を克服したいという思いからでした。

9カ月間の留学では、アメリカの大学の社会人向けコースに加え、マンツーマンレッスンを選択。できる限り英語で会話する機会を増やすようにしました。どちらかというとシャイな性格の弥生さんですが、せっかくの機会を無駄にしたくないと思い、講義の後には留学生同士のディスカッションに参加するよう心がけました。また、留学期間中の最初の1カ月はホームステイを選択し、帰宅後はホストファミリーとその日の出来事を話すようにしたそうです。

当初は、ホストファミリーとの簡単な会話さえうまくできず、落ち込む日が続きました。また、留学生同士のディスカッションでも、3カ月が過ぎてもなかなか自分の意見が言えず、焦りを感じていたようです。それでも、地道にインプットとアウトプットを繰り返し続けました。

転機が訪れたのは、留学して半年がたとうとしていた頃。教授との質疑応答の際に、自信をもって自分の意見を述べている自分がいたのです。自分の越えられなかった壁を越えた実感があったと、弥生さんは教えてくれました。

個人差はありますが、社会人の場合は弥生さんのように半年くらいの期間を要してブレイクスルーをする方が多いように思います。私にも経験がありますが、英語を習得する意欲がある人ほど長年学習していると、ある時点で伸び悩むことがあるのです。

弥生さんの場合は、なるべく放課後や滞在先でアウトプットする機会を増やす工夫をし、インプットとのバランスを取っていたことが勝因として挙げられます。彼女は帰国後、定期異動の際に念願の海外勤務の機会を得ることに成功しました。

■フィリピンのスパルタ式で自分を追い込む

——拓馬さん（27歳男性・メーカー勤務）の場合

食品メーカーで営業を担当していた拓馬さんは、将来は海外事業部で活躍したいと考えて留学を決意しました。

英語力にはまったく自信がなかったため、まずはフィリピンで2カ月間の集中コースを受講。会話力のアップに絞って学習することにしました。レベルが上がったところで、オーストラリアのワーキングホリデーに参加する計画です。

フィリピン・セブ島の語学学校は、スパルタ式で有名な学校。1日8時間、マンツーマンで徹底的に会話力を鍛えるというものでした。まず渡航前には、隙間時間にオンラインでの英語コースを受講してから、いよいよ念願のセブ島留学に行きました。

最初の1週間は、眠いのと集中力が続かないのとで、泣きそうだったという拓馬さん。しかし、2週目くらいからだんだんと慣れてきたそうです。明るい性格のフィリピン人の先生との会話がおもしろく、英語に対してのプレッシャーを感じなくなってきている自分に気づきました。

週末の過ごし方も工夫しました。

現地ＮＰＯでのボランティア活動に参加したのです。活動内容は貧困地域の子供たちとの交流を通じて情操教育を行うというものでした。持ち前の明るさで子供たちの人気者となった拓馬さんは、英語を通じて交流する楽しさや可能性を感じたと言います。

そうして2カ月後には、カジュアルな会話程度であれば自信をもつことができるようになったそうです。

拓馬さんはその後、オーストラリアにワーキングホリデーで行き、シドニーにある日系の旅行会社で働き始めることができました。

このケースは、とにかく話す時間を多く確保することに特化したパターンです。こうした場合は、最近ブームとなっているフィリピン留学との相性がいいと思います。

■4倍速で学習できる英国式「カランメソッド」

――由紀さん（26歳女性・事務職）の場合

真面目で完璧主義な性格で、ミスなく仕事を進めることから、職場では周囲からの信頼も厚い由紀さん。昔から英語が好きで、将来は海外で仕事をしたいと思っていました。彼女の場合もTOEICのスコアは高いのですが、英語に関するコンプレックスをずっともち続けており、目に見えない壁に苦しんでいたといいます。

これが最後のチャンスと決めて、6カ月間の期限付きでニュージーランドのオークランドに渡航することにしました。ビザはワーキングホリデーを取得。語学学校に3カ月通い、その後は期限いっぱい現地就業する計画です。

語学学校は「カランメソッド」という教育メソッドを取り入れていました。カランメソッドとは、イギリスで開発された英語教授法のひとつで、「直接教授法」と呼ばれる、子どもが母国語を自然に習得する過程をモデルにした学習法です。

授業は英語のみを使用し、先生の質問に答えることを繰り返すという、とてもシンプルな形式です。ここで3カ月間みっちりと学習することにしました。

通常の4倍のスピードで英会話を伸ばすことができるというものでしたが、それだけハードな授業でもありました。2週間が過ぎた時、滞在先の部屋で一人泣いたと言います。完璧主義であるがゆえに、思うように上達しない自分に対する苛立ちが原因でした。

苦労の甲斐があり、3カ月間の授業が全て終わる頃には、本領を発揮。クラスではトップの成績で修了証を手にしました。先生の質問に繰り返し答えることを続けたことで、自然と壁を越えて、英語で話している自分に気付いたと言います。

卒業後は、地元の法律事務所で働けることになりました。そこで堅実な仕事ぶりが上司にも気に入られ、帰国前には仕事のオファーをもらうこともできました。

「留学したのに話せない！」とならないための7つの法則

以上の3例から、「留学したのに話せない！」とならない人の特徴をまとめてみましょう。

留学中は、その英語環境により英語力を伸ばしやすいのですが、それでも相当の時間と労力を要するのが実際のようです。その中でも、英語の壁を突破できた人には次のような特徴が挙げられます

①一定期間、完全な英語環境（留学がベスト）に身を置く
②授業（インプット）と会話（アウトプット）のバランスがいい
③ネイティブと話す機会を自ら作っている
④その日習ったフレーズは、その日のうちに数回繰り返し使う習慣をつける
⑤マンツーマン式や直接教授法など、会話に特化したカリキュラムを選択する
⑥目標を明確にしている
⑦渡航前にはオンライン英語で慣らしておく

短期間でも完全な英語環境に身をおくことが、英語上達の早道です。英語の壁を突破したいと考えている人は、ぜひ参考にしてみてください。

第３章

「人生」を学び直す

ストレスの多い日本人にとって今こそ必要なものは、「余白の時間」ではないでしょうか。

北欧の国デンマークには、「フォルケホイスコーレ」という「人生の学校」ともいわれる大人のための学校があります。

17・5歳以上であれば、誰でも入学可能で、試験や評価も細かい規則もありません。単位や学位は取得できませんが、自分の人生をじっくりと見つめ直すことができます。まさに「人生を学び直すこと」に関して、国が推奨しているのです。

デンマーク・ロラン島在住で、共生ナビゲーターのニールセン北村朋子さんによると、この学校の魅力は、普段の都市生活や日常から脱却して、クラスメイトや先生と寝食を共にしながら、学びや自分に向き合うゆっくりとした時間をもてること。

授業はもちろんのこと、授業以外に設定された「余白の時間」から得るものが大きいといいます。

日本で社会生活を長年送っている中で、仕事や私生活が思い通りに行かないこともあるでしょう。

できることなら再出発したいけど、そんな機会なんてない、再出発なんてできるわけないと思っている方もいるかもしれません。そんな方にこそ、この第3章を参考にしていただきたいと思っています。

なぜなら、留学によって、環境を変えたり、付き合う仲間が変わったり、学びを深めたりしていく中で、解放されることが多々あるからです。そして心が軽くなったら、「余白の時間」を愉しむことができるようになるのです。

この章では、苦悩しながらも留学を経て、新たな人生の愉しみ方の発見に至った3名の芸能人を紹介します。

一度や二度、仕事で失敗しても何回でもやり直しができます。

ピンチをチャンスに変える留学、それが人生１００年時代の「人生を学び直す留学」です。今後ますます増えていくことでしょう。

ディスティネーション重視型

――ウエンツ瑛士

自分にとっての海外の憧れの地で、過ごしてみたい。

『アナザースカイ』（日本テレビ系列）というテレビ番組では、芸能人が自身の転機になった海外の都市で当時のエピソードを振り返りますが、いつか自分もこういう人生を変える体験をしてみたいと思った人もいるかもしれません。

アナザースカイもそうですが、留学にとって自分と相性の良い国や都市を選ぶことは、成功を左右するとても重要な要素となります。人生の転換期に行く留学については、なおさらです。

そんなディスティネーション重視型の留学を芸能人で実践しているのが、ウエンツ瑛士さんです。

どうしてもロンドンに留学したい

タレントのウエンツ瑛士さんが芸能活動を一時中止し、留学をすることを発表したのは、2018年8月のこと。当時、『スッキリ』や『火曜サプライズ』(ともに日本テレビ系列)などレギュラー番組も複数持ち、安定した人気の中での突然の留学発表は周囲を驚かせました。

その留学について、自身のブログで「ご報告」という題で次のように語っています。

「10月より、イギリスのロンドンに留学します。

僕にはいつかロンドンのウエストエンドで舞台に立ちたいという夢があります。

これを思い始めたのは30歳の頃です。

その時、既にレギュラー番組を含め沢山の仕事をいただいていました。

当然、任せていただいている仕事なので、向こうに行かずに日本で仕事をしながら夢を叶える努力をこの3年間してきましたが、やればやるほどにイギリスで学びたいという気持ちが強くなってしまいました。

このまま過ごして自分が後悔をしないのか？

他人に迷惑をかけてまで貫きたいことなのか？

沢山、悩んだ末に今回の決断となりました。」

（WENTZ EIJI OFFICIAL MOBILE ２０１8年8月 28 日　https://wentz.fanmo.jp/view.php?page=announcement より）

ブログの文章から、ウエンツさんのロンドン留学にかける強い想いが伝わってきます。30歳の頃から、ロンドンのウエストエンドで舞台に立ちたいという具体的な目標をもち始めたということですが、この頃ウエンツさんが出演していたミュージカル『天才執事ジーヴス』の影響が大きいと考えられます。イギリスの国民的作家Ｐ・Ｇ・ウッドハウスのコメディ小説を舞台化したミュージカルで、イギリスのエンターテイメントに触れて、どうしても本場で学びたいという想いをもちはじめたのではないでしょうか。

ウエンツさんが目標としているウエストエンドには、「劇場地区」といわれるエンターテイメントのメッカがあり、ニューヨークのブロードウェイと並んで演劇の世界最高峰と言われています。ロンドンには名門の演劇学校がいくつかあり、１年半といわれる留学では、英語と演劇を徹底的に学んだのではないかと思います。

ディスティネーション重視型の留学では、「世界の中でここしか考えられない！」という唯一無二の留学先があり、ウエンツさんの場合はロンドン以外考えられないということがいえます。言い換えますとアナザースカイ型留学といえるかもしれません。

30代でグローバルスタンダードを体感する

ウエンツさんが留学に行かれた32歳というのは、ひと昔前であれば、遅すぎるともいわれる年齢でした。しかし人生１００年時代といわれる今、そしてこれからは違います。一旦自分のキャリアを振り返り、十分やり直しが効くタイミングなのです。

ウエンツさんは過去のインタビューで次のようにも言っています。

「僕は今年32歳になるんですけれど、一度リセットしてみるのもいいかなという気持ちもあります。出来上がったら出来上がったで、壊したくなるんでしょうかね（笑）。

（中略）

今後も芸能界でやっていくとして、人と違う視点や感覚を持つために、もう一度やり直すのもありなんじゃないかなと思うんです。」

（oricon news　２０１８年8月29日　https://www.oricon.co.jp/news/2118419/full/ より）

「人と違う視点や感覚をもつ」というのは、言い換えると、海外で学ぶことによって国際感覚やグローバルスタンダードを知り、人間的にも仕事的にも一回り成長して帰ってくるということではないでしょうか。

日本企業が時価総額ランキングで世界の上位を独占していた時代は、もう過去の話。国際社会の中で競争力はかなり落ちていると言わざるを得ません。海外に出ると、日本はもはや「後進国」だという認識と危機感を感じることになるでしょう。

私はまだまだ日本にはポテンシャルがあると思っていますが、多くの日本人が中国の深《しん》圳《せん》やアメリカのシリコンバレー、ベトナム、ルワンダのＩＣＴ領域の発展、シンガポールのスピード感、エストニアのイノベーションの現場感をまったく知らずに日本でずっと働いていることには危機感を覚えます。

ウエンツさんのようにある程度日本で仕事を覚えたら、一旦海外に出ること、そして自分を見つめ、海外を知り、仕事をブラッシュアップすることが、これからの社会で飛躍し続ける秘訣だと思います。

ウエンツさんは渡英後、平日は朝から晩まで語学学校で英語の習得に向けて頑張り、週末は演劇の鑑賞に明け暮れる日々だったと言います。

そして留学中には、全編英語での1時間半の芝居にも挑戦します。劇場探しから演出家・出演者のアレンジなど全て一から自分で手作りで行い、脚本を担当していた人が途中で倒れてしまうアクシデントがありながらも、なんとかやり遂げたのです。

「イギリスの方のユーモアもあるし、イギリスだとこのテンポでいかないと、ここで笑いは取れないよ」（『アナザースカイⅡ』２０２０年6月19日放送より）

芝居上での文化の違いによる難しさにも直面したそうですが、仲間の支えにより最後まで演じることができたといいます。

今までの章でもお話ししましたが、海外の本場に行くメリットのひとつは、現地でのネットワーク（人脈）が広がることです。もちろん演劇の人脈は財産になりますが、身近なところだと、たとえば、現地の日本料理店のオーナーと仲良くなるのも効果があります。日本人ネットワークの橋渡し役をそのオーナーが担っているケースがあったりするのです。将来的に現地にビジネスを展開する際に、その人脈が役立つことも。その店に通いつめたり、バイトをしてみたりするのもいいかもしれません。

海外での人脈の特徴として、「結束が固い」ことが挙げられます。海外の孤独感やアウェイの環境の中で知り合った人脈は苦労をともにしている分、長続きしやすいのです。

ロンドンから帰国後は、精力的にメディアに登場しているウエンツさん。ハングリーな状況でやり遂げたという自信から、生き生きと話されているのが印象的です。

ロンドンで日本人・外国人含め、人的ネットワークを拡大され、海外を肌で知ったウエンツさんは、今まで以上に活躍されることは間違いなさそうです。

留学ソムリエ伝授！　取り入れポイント

このタイプの留学が向いている人は、次のような方です。

- 日本で仕事を一旦やりきった状態である
- 現状の仕事に満足しておらず、さらにレベルアップする意欲がある
- 長年行きたかった海外の憧れの地がある
- 海外で自分の経歴に箔をつけたい

● 留学をきっかけにキャリアや人生の軌道修正をしたい

基本的に留学に年齢は関係ないのですが、今の日本では社会人経験10年くらいの30代の方は、ストレスから来る疲れも蓄積していて、特に「人生を学び直す」ための留学に該当する人が多い年代です。

そういう意味で今回ディスティネーション重視型の代表格として、32歳で渡英されたウエンツさんをご紹介しました。

「自分も『アナザースカイ』のような経験がしたかったけど、もう社会人だし。」と諦めていた人も、決して遅くはありません。

また、ウエンツさんの留学は、ロンドンで演劇を学ぶための留学ということで、第1章のスキル強化型にも近い留学のタイプといえます。ただ今回はつぎの要素があったので、「人生を学び直す」ためのディスティネーション重視型ということでご紹介しました。

● 留学先は唯一無二の場所

● 英語や学校以外に現地のライフスタイルを学ぶ余裕があること

人生を学び直す留学として、最もオススメなのは、このディスティネーション重視型です。こだわりのある海外の都市での一定期間の留学経験は、英語や専門スキルの習得以外にも、さまざまな相乗効果をもたらします。

そのメリットとしては、次のようなものが挙げられます。

● 海外のライフスタイルを吸収できる
● 今後の人生設計の見直しができる
● ストレスにより蓄積した疲労が回復できる
● 本場のネットワークを構築できる
● 帰国後に残り数十年働く活力を得ることができる
● 海外に第二の故郷ができる

大人になってからの留学は、学生時代とは違ったメリットがあるのです。現地の人とお酒を飲みながら語り合ったり、本場の芸術を満喫したり、ある一定期間、生活することで、人生を豊かにするヒントが得られることも！　あるのです。

そして、ウエンツさんが留学を発表された後の周囲の反応は、とても暖かい応援をする内容のものが多かったように思います。

これをきっかけに、日本の社会も、留学や休職のギャップイヤーに関して寛容になってほしいと願います。

自分のディスティネーション（アナザースカイ）で人生を学び直す留学してみませんか。

リフレッシュ飛躍型

――平井堅

「毎日の仕事の中で頑張っているのに、パフォーマンスが上がらない。」
「最近仕事がマンネリ気味で、モチベーションが上がらない。」
「上司がパワハラ気味で、四六時中、叱責されて会社に行くのが嫌になった。」

昭和の高度経済成長の時代であれば、「何を甘えたことを言ってるんだ」とお叱りを受けそうですが、人生１００年時代の現代では、ストレスを抱えつつ命を削ってまで疲弊するよりも、海外に留学に行ってリフレッシュして帰ってくるほうがはるかに効率的です。

海外留学をきっかけにリフレッシュして、飛躍された芸能人の代表格は、歌手の平井堅さんです。

初めは挫折から

歌手の平井堅さんは、2003年に3カ月間、ニューヨークに語学留学をされています。「大きな古時計」の大ヒットの後で、なぜ渡米されたのでしょうか。

テレビ番組のインタビューの中で、「当時、歌が思うように歌えなくなった」と告白されるシーンがありました。世間からすると順風満帆なようでも、本人にとっては辞めたいと思うほど深刻な事態であったようです。当時は熱烈なファンからの執拗なストーカー被害もあったらしく、精神的に追い詰められていたのかもしれません。

3ヶ月間の語学留学も楽しいというよりも、平井さんの場合は相当大変だったようです。そのテレビ番組によると、当時の講師はとても厳しく、平井さんが英会話の内容をレコーダーで録音しようとすると、「意味がないからやめなさい」と言われ、ショックを受けたそうです。ちょうどその頃は2ヶ月目くらいの頃で、思うように英語が伸びず、

「第二外国語を話すのって本当に大変なことで、その気持ちがあなたにわかりますか」と激昂して泣きながら英語で訴えたのだそうです。

英語を習得しようと教師とも衝突しながら勉強する様は、留学に対する真剣な思いが痛いほど伝わってきます。

平井さんに限らず、留学は2ヶ月目くらいが最も大変な時期です。英語が思ったほど伸びなかったり、異文化の壁に当たってコミュニケーションでトラブルがあったりと、異文化理解のプロセスでいう「適合期」という時期で多くの方が壁に当たる時期なのです。

自分と向き合う

ただ、平井さんのニューヨーク留学では、英語の挫折も味わいながらも、新しい突破口も見いだせたのだそうです。それは、人目を気にする事もなく当たり前の生活を送ることで、自分らしさを取り戻すことができたからだといいます。一般の方でも自分のことをまったく知らない人たちばかりの海外に行くと、マンネリ化した生活から脱却して毎日が新鮮に感じることがあると思います。

普段生活をしている中で、知らず知らずのうちに周囲の目に映る自分の「枠」に、自身の行動も合わせてしまってはいないでしょうか。親や友人、同僚からのレッテルは、本当の自分ではないはずです。

他人の目に映る自分を気にしてしまうことで、気付かないうちにもっている可能性までブレーキをかけてしまうのは、本当にもったいないことです。

平井さんは自分らしさを取り戻したことによって自分と向き合う余裕が生まれました。結果的に「日本で歌いたい」という新たなモチベーションとともに帰国し、さらなるブレイクにつながっていきます。日本の歌を日本語で歌うことが、実は世界の中でも価値のあることなんだということを、本場ニューヨークにいたからこそ、認識できたのではないでしょうか。

これは海外というアウェーな環境で孤独と向き合いながら葛藤することで、日本のよさを再発見し、今後の方向性が決まっていくという事例です。

留学ソムリエ伝授！

取り入れポイント

このタイプの留学が向いている人は、次のような方です。

- 気がつけば、ため息ばかり出る
- 最近仕事のモチベーションがまったく上がらない
- 職場の人間関係で悩んでおり、休職もしくは退職を考えている
- 入院できれば仕事が休めるのになど、ネガティブなことばかり考えてしまう
- プライベートで長年のパートナーと別れたばかりだ
- 以前のように新しいアイデアが浮かばなくなった

平井堅さんの留学のケースは、英語を習得するという目的がはっきりしていて努力を怠らなかったからこそ、次の進路が開けたのではないでしょうか。真剣だったからこそ、落ち込んで、そこから自身を見つめ直すことにつながりました。

計画性をもって努力を忘れずにいることが成功の秘訣です。

平井堅さんのルートは次の通りです。

英語の習得のため留学

▼

現地で挫折を味わう

▼

自己の再発見、日本のよさを知る

▼

帰国し、再ブレイク

このルートは、一見遠回りのようですが、帰国後の活躍を見ると、決してそうではないのです。どうしても煮詰まってしまった際には、思い切って「環境を変えてみる」ことをオススメします。

留学は、環境が変わるだけでなく、周囲の人間関係や文化までもガラッと変わるので、効果が得やすい（飛躍しやすい）のです。

冒頭でも触れましたが、昭和の時代の企業風土だと、平井さんのような海外留学は、「逃げ」だと非難されるかもしれません。

しかし、人生１００時代の現代では、「逃げ」ではなく「リフレッシュ飛躍型の留学」といえるでしょう。

平井さんはこの３ヶ月の留学で自分らしさを取り戻すことができました。

一般の方も、片意地をはっていたり、何かに追われていたり、何かにしがみついている人がいると思います。そんな人も留学で自分を見つめ直すことで、シンプルな自分が見えてきて、本来の自分を取り戻すことができるのです。

何を隠そう私も30代半ばの時に、この状況になりました。

11年間務めてきた仕事もモチベーションがまったく上がらなくなり、プライベートでも辛い時期に、カナダに6ヶ月間、語学留学に行ったのです。今思い返しても本当に苦しい時代でした。ストレスがピークに達するのと同時に、体調も悪くなり、いつも胃が痛かったり体がだる重かったりする状態が続いていました。

カナダでは、トロントの大学の短期コースやバンクーバーの語学学校でビジネス英語を中心に勉強していたのですが、この半年間の成果としては、リフレッシュできたことが一番大きいものでした。英語も半年間の中でブレイクスルーを経験することができ、留学の後半には早く帰りたいと思うようになりました。

英語を使うような国際的な仕事をしたい、よりハードな挑戦がしたい！　という気持ちに変わったのです。

帰国後には、キャリアチェンジをして留学の業界に入ったのが、現在に繋がっています。もし、あの時そのまま日本にいたら、ひょっとしたらうつ病などの病気になっていたかもしれません。

ストレスの多い日本社会で働いていると、一度や二度は先ほどの項目のような状況になることもあるでしょう。病気になるまで無理をして、寿命を縮めてしまうよりは、一定期間海外で充電してきたほうが、長いスパンで考えるとお得です。

そんな際に、平井堅さんのようにリフレッシュ飛躍型留学を取り入れてみては、いかがでしょうか。

飛び込み＋現地定住型

――仲川遥香（元ＪＫＴ48）

「日本で頑張っているけれど、イマイチ成績がパッとしない。自分にはもっと相応しい場所があるのではないか。」

そんな時には、思い切って活躍の場を海外に広げるという選択肢もあります。

特に海外の中でもオススメは、アジア、それも東南アジアです。

理由としては、まず経済成長が著しいことが挙げられます。特にインドネシアやベトナム、フィリピンなどは平均年齢もとても若く、ＧＤＰの伸び率も世界の中でも上位を占めます。高齢化が進み、ほとんど経済的に成長が止まってしまっている日本と比べると対照的です。

また、実際に現地に行くと、多少の困難は当たり前で、どんな状況の中でもビジネスを進めていくことのできるたくましさや活気を肌で感じることができます。経済的に成熟した日本にいるよりも自分自身が大きく成長できる可能性があるのです。

そんな東南アジアに飛び込み＋現地定住型の留学をされた芸能人が、ＪＫＴ４８仲川遥香さんです。

ジャカルタでの芸能生活

彼女のキャリアは、一般的なアイドルと同じく日本からスタートします。あのＡＫＢ48の３期生として、加入したのが最初です。同期には渡辺麻友さん、柏木由紀さんがいます。大人気グループの一員というと、とても華々しいキャリアのようですが、ＡＫＢ総選挙の順位は２０１０年から20位、24位、44位と年々順位が下がり、テレビの露出度も減り仕事も少なくなる一方で本人はかなり苦しんでいたようです。

親友であるあっちゃんこと前田敦子さんの卒業をきっかけに、鳴かず飛ばずの現状を打

開すべく彼女は動きました。インドネシアのジャカルタを拠点にするＪＫＴ48に移籍を決意したのです

「彼女が大きな決断をしたのをはたから見て、私も次のステップに進もうと考えました」

（『WOMAN SMART ライフスタイル』 ２０１９年5月9日 https://style.nikkei.com/article/DGXMZO44029000S9A420C1000000/ より）

仲川さんは、ジャカルタに行ってすぐにブレイクした訳ではありませんでした。到着3日目にアメーバ赤痢に感染、活動が始まってからも、文化や言葉の面では相当苦労したようです。

「言葉が通じないので、日本人スタッフとだけ行動し、メンバーとも打ち解けられませんでした。テレビ番組に出演しても、言葉が通じないので、うまく話すことができませんでした」

（『WOMAN SMART ライフスタイル』 ２０１9年5月9日 https://style.nikkei.com/article/DGXMZO44029000S9A420C1000000/ より）

仲川さんの語学（インドネシア語）の習得法は、普通の留学の概念、また前述の芸能人留学の人とも違っていました。

語学学校で学ぶというのが一般的ですが、働きながら実戦で使いながら学ぶというのが彼女のやり方。とにかくわからないことがあれば周囲の人に聞きまくっていたそうです。その場その場で覚えるという独自の学習法により、半年間くらいで不自由ないくらいまで習得したというので、驚きです。

仕事などの語学を使う目的がはっきりしていると、上達が早いことの好例ですが、海外にいると起きている間は語学を学ぶ機会が無限にあるので、その場その場で、場の空気感も一緒に言葉を覚えてしまうのは、理にかなったやり方だと私は思います。

仲川さんのブレイクのきっかけは、あるトーク番組に出演した時です。場の空気があまりよくなかったのでそれを変えるために、一生懸命にバラエティ番組のキャラクターとして、アドリブを連発し、それが大爆笑を誘ったのです。その後、オファーが殺到して人気番組への出演を果たして行くのです。

覚えたての言語を駆使して、司会者とのやりとりにも自分から話しかけていく一生懸命さも共感を呼んでいる要素かもしれません。

今では、出演したＣＭは20本以上、「ツイッターで影響力がある世界の女性15人」の7位（２０１７年）など、その人気はインドネシアの国民的スターと言っても過言ではありません。

２０１９年以降はＪＫＴ48を卒業し、個人のタレントとしてインドネシアをベースに活動しています。

今後ますますの活躍が本当に楽しみです。

成功の理由

まずは、インドネシアを活躍の場として選んだことが成功のキーといえるでしょう。

インドネシアは、人口が2億６８００万を超える世界第４位の国であり、平均年齢は29

歳（日本は約45歳）。今後も労働人口が増加するとの予測で、ＡＳＥＡＮの中でも最も経済的に安定感があります。さらに今後の成長が見込めるマーケットなので、より多くのチャンスがあるのです。

次にキーとなるのは、やはり何と言っても語学力です。彼女がお笑いのトークショーでやりとりしている様子を見ると、インドネシア語で堂々と司会者や他のタレントとやり合っていて、驚きました。しかもその場の空気を、彼女が作っているくらい存在感があり、観衆からも大ウケです。一生懸命にインドネシア語で話そうとする姿も好感を持たれた理由でしょう。

現地のターゲットや文化に合ったキャラ設定、リアクション、言葉遣いなど、インドネシアの市場にローカライズできている点も、ビジネスのマーケティングの観点から見ても理にかなっています。

英語を第一言語としない国でも、フィリピンやマレーシアだと英語でも通じますが、インドネシアやタイ、ベトナムなどの国では、現地の言葉を話せたほうが絶対に有利です。私も以前、外資系の会社に勤めていた際にアジアを担当していて、英語だけの発信だとまったく効果が出ないことを経験していて、ローカライズすることの重要性を感じていました。

最後に、仲川さんのキャリアプランはとても見事だと言わざるを得ません。

AKB時代は選抜メンバーから外れていたとはいえ、アイドルの第一線での十分なキャリアがあり、周囲には前田敦子さんや渡辺麻友さんなどの成功者から学べる状況がありました。その日本での経験のベースがあるからこそ、芸能アイドルの発展途上だったインドネシアでチャンスを掴むことができたのだと考えています。

留学ソムリエ伝授！

取り入れポイント

このタイプの留学に向いている人は、次のような方です。

- 実力はあるのに、あまり結果に結びついていない状態である
- 仕事がマンネリ気味でモチベーションも下降気味、心機一転、異なる環境で頑張ってみたい
- 旅行で行った国の文化や食生活がとても自分に合っていて、移住してもいいかと考えている
- 教育機関に通うアカデミックな留学ではなく、長期間海外で生活してみたい
- 海外の発展性のある国で新規ビジネスを立ち上げてみたい
- 自分自身を倍速で成長させたいと思っている

「飛び込み＋現地定住型」を成功させるポイントとしては、まずベースとなるスキルや、現地でやってみたいことがあることです。できれば、日本では当たり前のように存在するけど、海外ではまだそこまで流通していないような内容だと、よりチャンスがあるでしょう。そこがぼんやりしていると、アルバイトのレベルまでは到達できても、残念ながら定職とまでは行きません。

また定住を狙うためには、ビザの問題をクリアする必要があります。ワーキングホリデーに該当する方は、最初はワーホリビザで入国するとか、最初から仕事が決まっている方は、仕事用のビザを申請するとか、目的によってビザの種類が変わりますので、注意が必要です。

飛び込みというと、無計画でもよさそうに感じますが、十分にリサーチしておくこと、そして定住するまでの道のりをしっかり計画しておくことが大切です。

そのためには、すでに定住を成功させている人から話を聞いておくとか、専門のビザコンサルタントに相談するなどしておくとよいでしょう。

最後に、現地に飛び込むためには、モチベーションやエネルギーが必要不可欠です。

このようなスタイルは、今後ますます増えていくと予想できます。

冒頭でも申し上げましたが、特にこれからオススメしたいのは、東南アジア。インドネシア、タイ、ベトナムなどは経済的にも成長が見込まれ、とてもエネルギッシュです。

食べ物が美味しいのも、アジアの魅力のひとつです。定住となると気候や食べ物なども含め、健康管理も大切なポイントです。

滞在先は欧米型のホームステイというより、ホテルやゲストハウスのようなスタイルが主流です。

また、物価が安いため、生活費を抑えることができるのも東南アジアのよい点といえます。高級な物件を選ばなければ、家賃なども日本の半額以下のところがほとんどです。

ただ、気候や食べ物も合う合わないがあるので、心配な人は実際に飛び込む前に、旅行やプチ留学などで体感しておくとよいでしょう。

新天地での定住には勇気が必要ですが、仲川さんのように留学の目的を「現地での成功にフォーカスすること」「現地の人と積極的にコミュニケーションを取って文化を吸収すること」が、成功の秘訣です。

人生をより豊かに楽しく生きるための一つの選択肢として、十分検討の余地はあるのではないでしょうか。

失敗例・成功例から学ぶ

30歳以上、特に30代後半で留学を考えている方は、年々増えていると感じています。30代後半というと、ひと昔前は会社の中では中間管理職に就き、もう少し頑張れば課長職も目前、結婚して中学生くらいの子どもがいるといったイメージだったかもしれません。ですが、今はかなり様子が違います。

同じ会社で長年勤め上げれば、出世して給与も上がるといった終身雇用の前提は薄れ、ビジネスの上でもより瞬発力や実践力が求められる機会が高まってきています。勢いのあるベンチャー企業を中心に、20代でよりクリエイティブでＩＴリテラシーの高い若者が台頭してきており、先輩社員からコツコツやることの美徳を学んだアラフォー世代は、今後30年近く仕事をするにあたり、焦りを感じ始めていても不思議ではありません。

次に出てくる忠夫さんや貴博さんもそんなひとりだったのかもしれません。どちらも30代でカナダに行った事例です。

■失敗例

——忠夫さん（37歳男性・派遣スタッフ）の場合

ＩＴ系の会社に派遣社員として勤める忠夫さんは、29歳の時にワーキングホリデーで行ったカナダ・バンクーバーでの自由な生活が忘れられず、帰国後もいつかカナダに戻りたいと思いながら過ごしていました。

カナダに行くまでは、正社員として働いていたのですが、休日出勤や残業も多く、辞めるまでにかなりの時間と労力がかかったため、帰国後は派遣を選択して働いてきたのです。

ある日、年下の上司から呼び出された忠夫さんは、そこで会社の業績悪化を理由に契約を更新しないことを告げられます。

「真面目に働いてきたのにどうして……」

ずっと無遅刻・無欠席で頑張ってきたにも関わらず、自分だけ去ることに納得がいきません。急に切られてしまう契約社員から正社員を目指すか、このまま契約社員で次を探すか迷っていたところ、再度カナダに帰りたいと思うようになりました。

もうワーキングホリデーは年齢的に無理なので、今度は学生ビザでの渡航を選択しました。カナダにはCo-op《コープ》ビザという専門学校＋現地の就労体験ができる制度があり、年齢制限がないため30歳以上でも参加できるのです。

ただ、ここでひとつ問題がありました。前回のワーキングホリデーで1年間渡航していたにも関わらず、ほとんど英語の勉強をしていなかったのです。

英語の勉強から始めるべく、バンクーバーの専門学校付属の語学学校（6ヶ月）から専門学校の本課程でのデジタルマーケティングのコース（6ヶ月）を選択し、貯金を使って学校に申し込みました。これで6カ月間の就業期間を合わせて計1・5年間滞在できる計算です。

いよいよ念願のバンクーバーでの2度目の留学生活がスタート。

すでに一度経験しているので、最初の１カ月間はまずまず順調でした。語学学校での英語の学習も始まり、滞在は学校が紹介するホームステイに入ることにしました。

ただ、２、３ヶ月過ごしていると、何とも言えない違和感をもち始めてきたそうです。

「何かが違う。」

忠夫さんは、ワーキングホリデーの際に感じた様な「楽しさ」を感じることができなくなっていたのです。当時仲のよかった現地在住の日本人の多くは、すでに帰国しており、仕事や育児に追われる毎日です。留学エージェントの現地オフィスの日本人女性のひとりは覚えてくれていたのですが、よそよそしさを感じてしまったそうです。

自由さを再度体感したいと思ってきたものの、今回は状況が違ったため、徐々に英語学習にも力が入らなくなり、学校を休むことが多くなっていきました。結果的に、５ヶ月を過ぎたところで、帰国を決断することになってしまいました。

忠夫さんの場合の違和感は何だったのでしょうか。

ワーキングホリデーで来ていた頃は、年代も境遇も近い日本人が周りにいたため、心地よいコミュニティが形成されていたのだと思います。その心地よさは、日本での職業や職位などもあまり気にされないことにも起因していると考えられます。

しかし、30代後半になると、状況が変わります。仕事は何をしている人なのかとか、どういった目的でカナダにいるのかということが、周りから気にされるようになり、そこに違和感をもってしまったのです。

今回はもともとCo-opビザで専門分野と就業体験をするので、20代がメインのワーキングホリデーのコミュニティではなくて、専門学校や就業先を中心としたビジネスキャリア系のコミュニティに焦点を当てていれば問題はなかったはずでした。

ひょっとしたら忠夫さんの時計の針は、29歳で止まったままだったのかもしれません。今回の留学は残念でしたが、帰国後は正社員に向けて頑張っているということで、よいきっかけになったようです。

■成功例

――貴博さん（35歳男性・量販店店長）の場合

もともと旅が好きだった貴博さんは、学生の頃はバックパッカーとしてアメリカ大陸を横断するなど、海外志向の強い人でした。ただ、英語を仕事で使うという自信はなく、就職したのは地元の大手紳士服量販店でした。持ち前の真面目さとコミュニケーション力の高さを活かして、27歳の時に店長に昇進、順調な生活を送っていました。

しかし30歳になると、同期や後輩たちの出世が目立つようになります。その上、もともと人手不足やクレーム処理のため休日返上で働き詰めだったのもあり、この頃から頻繁にめまいがするようになり、ひどい日は仕事に行けない日も出てきました。

「このまま歯車として一生働き詰めでいいのか」と、何度も考えるようになり、貴博さんの仕事に対するモチベーションは著しく低下していきました。

そして35歳になったとき、10年以上年勤めた会社を退職しました。

そこで、英語とビジネスを学び直して、念願だった外資系のアパレル企業への転職を目指そうと決意しました。正直なところ、どん底だったモチベーションの回復も図ろうというリフレッシュする狙いもあったそうです。

3カ月間の準備期間を経て、カナダ・トロントの大学に半年間の予定で留学をしました。トロントを選んだのは、他の留学先に比べて日本人が少なめで、今まで貴博さん自身が行ったことがない国だったから。

新しい環境で再出発をしたいという気持ちだったそうです。

英語を使うのも、ほぼ大学生の時以来だったため、読み書きはなんとかできるものの、会話は挨拶すらままならない状態でした。英語のレベル分けテストでは、Lower Intermediate（初級と中級の間）と診断されて、授業がスタートしたといいます。クラスメイトには年下が多いものの、ドイツ・イタリア・メキシコ・ブラジル・韓国・台湾と国際色豊かで、特に欧米の参加者は見た目や振る舞いも大人っぽく見えるため、それほど違和感はなかったそうです。

授業は実際とても興味深いものでした。会話中心のため、特にテーマごとのディスカッションになると、国ごとの考え方の違いが出ておもしろかったといいます。それぞれの国で盛んなスポーツや食生活について、またあるときは高齢化問題や環境問題など、英語だけでなく自分の意見を発信するということの難しさを実感する機会となったようです。

逆に自分の意見を発信できたのは、ビジネスの話題になったときでした。実際に先生よりも仕事の経験値が豊富であったため、クラスメイトより一目おかれる瞬間があり、自信がついたと振り返ります。

トロントでの半年間の留学の成果として、英語のブレイクスルーを経験し、日系メディアでのインターンシップも経て、最終的には英語で簡単なプレゼンテーションができるレベルまで上達した貴博さん。しかし、意外なことに、社会人留学の最大の収穫は、英語とは別のところにあったそうです。

それは、徹底的にリフレッシュできた結果、仕事へのモチベーションが以前にもまして高まったということ。半年後には、早く日本で仕事に復帰したい、学んだことを試してみたい！　という気持ちになったようです。

前向きになれた理由は、他にもありました。留学前は11年間の会社生活の中で、自分のキャラクターを固定化してしまい、会社や周囲の期待に応えるべく勝手に可能性を狭く見積もっていたことに気付いたのです。海外では会う人全員が初対面なので、ゼロから新たに自己を発信する必要があり、新たな自分の可能性についても知る機会となりました。

帰国後は、念願だった外資系のアパレルの管理職として内定をもらうことができました。しかし、新たな分野となる留学ビジネスに挑戦することに決めました。留学する人を支援するコンサルタントの道を選んだのです。給与や職位も下がるため、どちらかと言うと険しい道への決断でしたが、人生後半に向けてより可能性を広げることができる気がしたから、そう決断したそうです。

現在は、持ち前のコミュニケーション力と営業力を活かして、グローバルな舞台で活躍されています。これからは、外資系の教育機関にキャリアアップしていくそうです。

成功のポイントとは

貴博さんの事例から学ぶ成功のポイントとして、「留学前の会社勤めでの一定の実績」「独身もしくは家族の理解がある」「留学予算がある（貴博さんの場合　６カ月で１９０万円）」の３つの要素が挙げられます。今回の貴博さんが半年間の留学で得たものをまとめると以下のようになります。

■英語について

- 英語力の向上（ＴＯＥＩＣ６００点→８１５点）
- ビジネス英語習得の修了証
- 海外での職業経験（日系のテレビ局でのインターンシップ）

■英語以外について

- 心身ともにリフレッシュ（めまいも改善）

- 自信がつきモチベーションの向上
- 自己再発見

人生後半での巻き返しを図るべく、アラフォーの海外での学び直しも少しずつ増えています。

日系企業の中間管理職の留学は、復職のリスクがありますので、今まではＭＢＡ留学以外は社会的に認めにくい選択でしたが、日本の働き方も変化している中で、今後は選択肢のひとつにしてもいいのではないでしょうか。

第４章

オトナ留学の計画・準備

オトナ留学は「意識高い人」だけのものではない

メディアを通じた芸能人の留学の情報だけを見ていると、私たち一般人には縁遠いものと思いがちですが、決してそうではありません。

もうすでにオトナも留学する時代に突入していて、年齢や語学力、職業に関係なく、誰しもがチャレンジできるものなのです。

ずっと日本で生活をしていると、留学や海外になど行かなくても、困ることはないと思いがちです。確かに情報収集はスマホ、日本語でのGoogle検索なども使えますし、生活面ではコンビニはいたる所にあり都市部だと交通も便利です。日本の学歴だけでも仕事を見つけることができます。テレビ番組では、日本がいかに世界の中でも優秀かを紹介する内容もよく見かけます。

しかし、本当に日本は誰もが羨む国で海外に行く必要はないのでしょうか。

残念ながら、そうではないのは前述した通りです。

グローバル経済や国際交流の観点からの必要性だけでなく、もっと個人の仕事や人生にフォーカスしますと、各自の人生をより豊かに楽しく過ごすために、オトナ留学がオススメなのです。

留学のバリエーションも、現在はとても豊かになりました。超短期のプチ留学から、専門留学、海外就業までとても種類が豊富なので、自分にあった留学スタイルが見つけやすくなっています。（本書では、なるべく多くの人に経験してほしいという思いから、留学をとても広義で捉えています。）

そして国のバリエーションも増えています。アメリカ・イギリス・カナダ・オーストラリアなどの英語圏の先進国だけでなくアジア、インド、アフリカなど、発展途上国での機会も増えてきています。またスウェーデンやフィンランドなど北欧の教育なども注目を集めています。

日本のパスポートは世界最強といわれ、190カ国に渡航が可能（2019年度データ）です。それを活用しないのは、もったいないことです。

プチ留学では、ハワイやプーケット、マルタ島などリゾートアイランドでの英語や習い事留学もあり、気軽に楽しむことも可能です。習い事もサーフィンやゴルフ、乗馬などのスポーツ系、マッサージやウクレレ、料理などのローカルのカルチャー系のものまでとても幅広くなっています。

もちろん、資格を取得したり専門分野について教育機関で学んだり、仕事に直結するものも各国で充実しており、リカレント教育（学び直し）として留学はより身近なものになってきているのです。

オトナ留学は決して「意識高い人」だけのものではないのです。

目的＝自分のタイプを知ろう

オトナ留学成功の秘訣は、自分の目的にあった留学スタイルを計画する事です。そして自分にはどの留学スタイルがあっているかを見極めるためには、自分がどのタイプに属するかを把握するのが近道です。

と言っても自分の事を把握するのは、意外と難しいものです。

次のマッピングで自分が当てはまるものから、オトナ留学のタイプが簡単にわかるようになっています。自分のタイプがわかったら、該当する芸能人の事例を見て自分に置き換えてみてはいかがでしょうか。

日常のささやかな変化が、オトナ留学の兆しなのです。忙しいからといって、そのサインを放置しておくとどこかで無理が出てきたり、チャンスを逃してしまうかもしれません。

留学目的マッピング

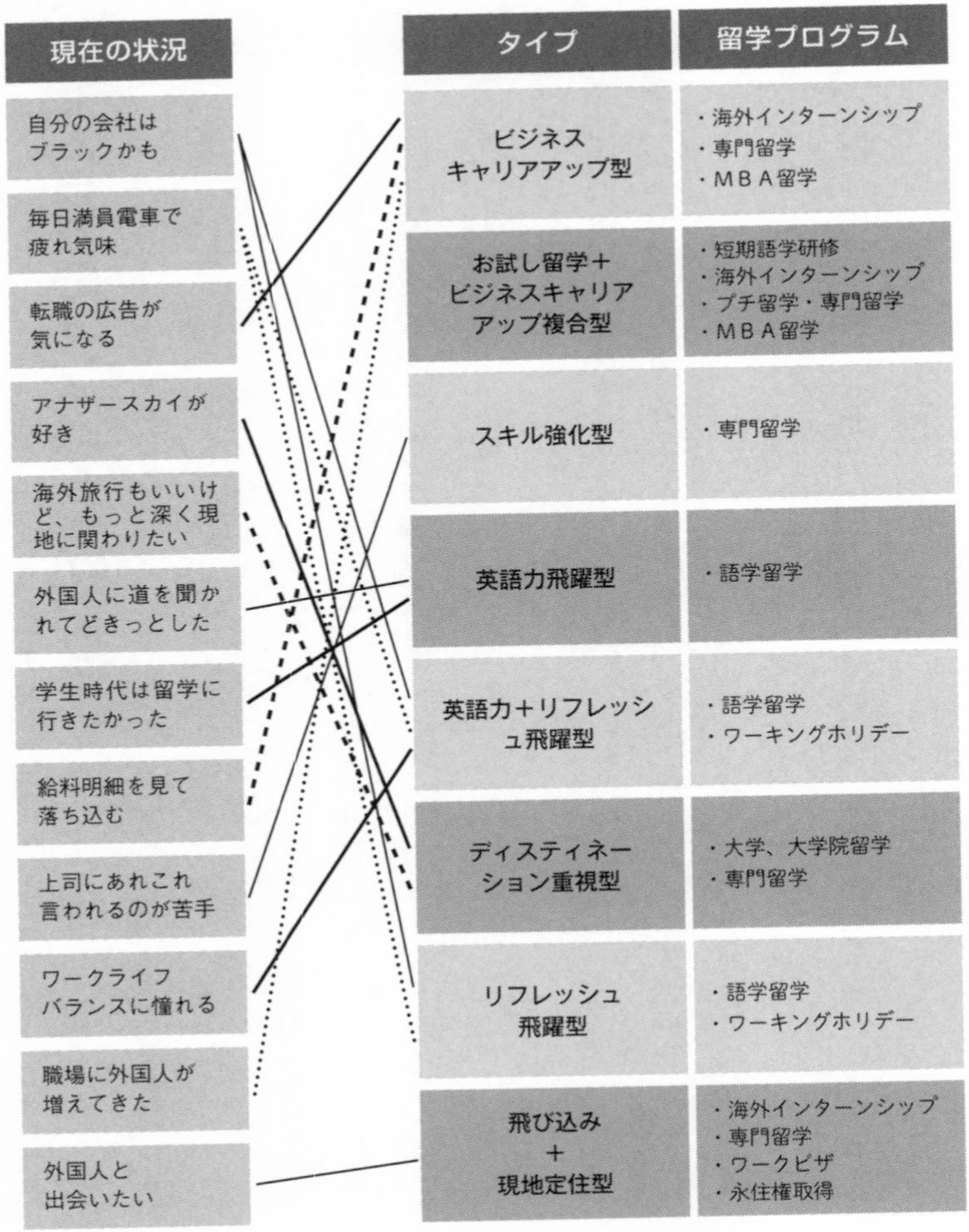
現在の状況
自分の会社はブラックかも
毎日満員電車で疲れ気味
転職の広告が気になる
アナザースカイが好き
海外旅行もいいけど、もっと深く現地に関わりたい
外国人に道を聞かれてどきっとした
学生時代は留学に行きたかった
給料明細を見て落ち込む
上司にあれこれ言われるのが苦手
ワークライフバランスに憧れる
職場に外国人が増えてきた
外国人と出会いたい
タイプ
留学プログラム
ビジネスキャリアアップ型
・海外インターンシップ
・専門留学
・ＭＢＡ留学
お試し留学＋ビジネスキャリアアップ複合型
・短期語学研修
・海外インターンシップ
・プチ留学・専門留学
・ＭＢＡ留学
スキル強化型
・専門留学
英語力飛躍型
・語学留学
英語力＋リフレッシュ飛躍型
・語学留学
・ワーキングホリデー
ディスティネーション重視型
・大学、大学院留学
・専門留学
リフレッシュ飛躍型
・語学留学
・ワーキングホリデー
飛び込み＋現地定住型
・海外インターンシップ
・専門留学
・ワークビザ
・永住権取得

目的が明確になれば、オトナ留学の成功率はグッと上がります！

そして、いよいよ次のステップとして、留学の計画の段階となります。

オトナ留学こそ、しっかりとした計画が欠かせません。情報不足やいきあたりばったりの留学を見かけることがありますが、時間と資金を浪費してしまうだけなので、次に計画の立て方をお伝えして行きましょう。

留学が成立する要素

留学が成立するために必要な要素は、次の3つとなります。

1「タイミング」
2「モチベーション」
3「予算」

とてもシンプルなのですが、どの要素が欠けても留学に行けなくなるので、ひとつたりとも疎かにすることはできません。

タイミング

留学にはいつ行くのがいいのでしょうか。

結論としては、モチベーションの高い時期に行くのがベストなのですが、仕事をしているとそうも行きません。

現実的には、休暇や休職・退職と言った手続きが必要となりますので、会社や役所への事務手続きを進めます。また、留学準備として必要になるのは、予算準備・ビザ手続き・英会話といったところです。ビザだけは必要不可欠なので、余裕を持って進めていきます。大使館や領事館は、年末年始や夏休みの時期は混雑が予想されますし、書類手続きを海外にアウトソーシングする国も増えてきていますので、時間がかかることがあるのです。

長期で留学する場合は、通常、６ヶ月以上は準備期間として考えます。

２０２０年は新型コロナウィルスの感染拡大により、海外への渡航が制限されました。

学校も休校になったところも多く、大学の派遣留学も中止する事態となりました。

このようなタイミングでは、どれだけモチベーションが高くても、留学に行くことはできません。

ただ、オトナ留学の場合は、大丈夫です。長期的なライフプランの中で留学を検討しますので、事態がすべて収まってから再計画すればよいのです。欧米の教育機関を中心に、オンライン留学のコンテンツも進化してきていますので、渡航までに隙間時間で英語を学習しておけば、効率がよくなります。


さて、実際の留学の期間ですが、先ほどの目的やビザによって変わります。

日本のパスポートは優れているので、短期間であれば、面倒な手続きは必要なく観光ビザだけで渡航できるところも多いのです。

ただ、6ヶ月以上の長期になると、多くの場合で、入国目的に合ったビザが必要となります。たとえば、学生（就学）ビザやワーキングホリデービザ、アメリカのＪ１（交流訪問者）ビザなどです。

特にワーキングホリデービザは、年齢制限や発給数が決まっている場合もあるので、注意が必要です。オーストラリアでは、学生ビザでもアルバイトが認められているので、費用を抑えて留学することも可能です。

どれくらいの期間、留学に行くかは、予算や帰国後の仕事のタイミングなどを考慮して行くとよいのですが、ビザの種類によって期間の縛りがあります。タイムリミットがある分、計画をしっかり立てておくと良いでしょう。

〈番外編〉留学と恋愛

タイミングのお話の中で、意外と重要なのが、人間関係です。具体的には、恋人や家族の理解がとっても大切になってきます。成人の場合は手続き上、家族の同意がなくても大丈夫ですが、配偶者がいる場合は特に相手が応援してくれる事が成功のポイントです。

恋人がいる場合は、遠距離恋愛になるので、お互いの忍耐が必要になってきますし、別れてから行くという人も少なからず見かけます。その場合は現地で新しい出会いの期待も高まるでしょう。恋愛と留学というのも実は関係性が深いのです。

留学準備中・渡航後のモチベーション管理

モチベーション管理には、一般的な傾向を把握しておくことをオススメします。

留学にはよく「異文化理解のUカーブ（もしくはWカーブ）」といわれるものがあり、渡航したての頃は、ハネムーン期といって、何をしても楽しいものです。

それが、数ヶ月たつとショック期というストレスのかかる時期が来ます。最終的には回復期を経てカーブは上昇するのですが、これは渡航前の準備の時にも当てはまります。

留学に行く！と決めた瞬間はモチベーションがピークなのですが、日が経つに連れて、下がってきます。大切なことは、これは誰しもが通る道なんだと把握することです。あまりに心配しすぎると、悪循環に陥りやすいので、注意が必要です。

実は帰国後もショック期があるのですが、これは逆カルチャーショックといわれるものです。今度は日本の文化に合わせる必要があり、順応すると回復期に入ることができます。

異文化理解のUカーブ曲線

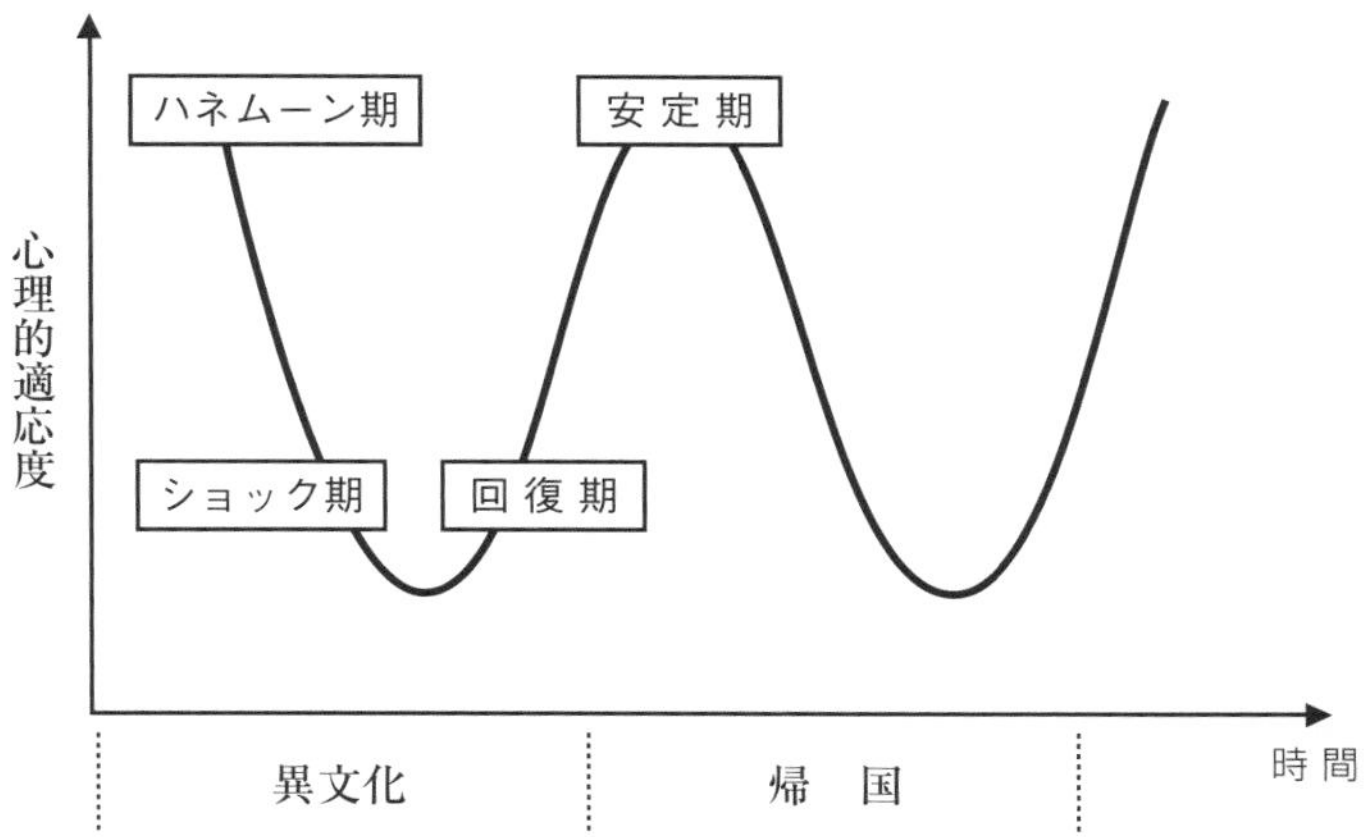

（ヒューマンアカデミー『日本語教育教科書』翔泳社，2009年）

費用の目安

一般的に留学に関わる主な費用は、次のようなものがあります。

意外と項目が多いと感じられる方も多いと思いますが、この中で最も金額として大きい費用は、授業料と滞在費です。次のようなポイントに絞って予算を考えていくといいでしょう。

- 学校およびコースをどうするか
- 滞在方法（ルームシェア、ホームステイ、学生寮、ホテルなど）はどうするか
- 自炊するか外食メインか
- アルバイトもしくは有給インターンシップなど収入があるかどうか

仮に1年間渡航する場合の費用の概算は186ページをご参照ください。

留学に関わる主な費用

航空券	入学金	滞在費
空港送迎	授業料	デポジット（滞在保証金）
通学費用	休学費用	食費（自炊）
小旅行	教材費	お小遣い
海外留学生保険	文房具	外食

留学費用概算

留学の種類	内　容	費用の目安（1年間）
語学留学	語学を習得する	200 ～ 350万円
大学学部	海外の大学で単位を取得	200 ～ 500万円
大学院	学術　専門職	200 ～ 600万円
MBA	キャリアアップ	400 ～ 1000万円
専門留学	スキルアップ	200 ～ 400万円
ワーキングホリデー	就業経験・旅行等	100 ～ 200万円

＊費用は授業料＋滞在費の概算となります。
渡航国／都市、為替ルート、その他雑費などにより変動があります。

結構費用がかかるなと思われた方も、オトナ留学はプチ留学だと1週間くらいからも可能なので、短期間だと海外旅行と大差ないくらいで実現することも可能です。

また費用を抑える方法としては、次のようなものがあります。

- 航空券をＬＣＣに変える
- 出発日は繁忙期（ゴールデンウィーク・お盆・年末年始）を避ける
- 滞在方法をルームシェアにする
- 自炊する
- 可能であればアルバイトをする（ビザの種類によっては不可）
- 教育機関などの奨学金制度を活用する
- 渡航前にオンライン英会話やオンライン留学を活用して英語力を上げておく

留学の種類や学校によってかかる費用が大きく変わりますので、目的や予算に合わせて計画を立てていかれることをオススメします。

復職？　転職？　独立？
帰国後のキャリアプランの立て方

オトナ留学を経験した後のキャリアには、様々な可能性があります。復職・転職・独立、それぞれのキャリアの選択肢について見て行きましょう。

復職の選択肢

最もリスクも少なく、帰国後の負担も少ない選択肢です。ただ復職先の理解がポイントとなりますので、留学前から良好な関係を作っておく必要があります。人材不足の観点から最近は昔に比べると、復職の理解も高まってきているようです。経験者を求める機運もある中で、先方にとっての留学でのメリット（仕事で使える英語力、専門スキルの習得など）を十分伝えておき、留学中も定期的に連絡をするなどの工夫も必要です。

転職の選択肢

留学をきっかけに転職を希望する人は多いです。ただ、それほど簡単なものではないのも現実。失敗しないためには、希望の転職先を見据えた留学とキャリアのプランニングが必要不可欠です。特に留学については次のようなことを意識すると良いでしょう。

- 履歴書に書ける資格（CERTIFICATE, DIPLOMA, BACHELOR, MASTER）の取得
- ワーク・エクスペリエンス（実務経験）
- 現地でのネットワーク

どちらも転職先に関連性のあるものを、予め意識して習得します。

また現地で英文履歴書を予め作成しておき、オファーがあればいつでも出せる状態にしておくことをオススメします。新しい資格を取得したり、インターンシップなどで経験が増えれば、常にアップデートするのです。

独立の選択肢

以前は留学後の起業というと、絵空事のようなイメージもありましたが、終身雇用がなくなり働き方も変わってきている中では、十分に検討しうる選択肢ではないでしょうか。

そもそも海外では、アメリカのシリコンバレーや中国の深圳《しんせん》、北欧のエストニアや中東のイスラエルなど起業家精神を学べる環境も増えてきました。アジアで起業する日本人も珍しくなくなってきています。

留学先でマネージメントや起業のノウハウを学ぶことも可能な上、ディスティネーション重視型の留学でもあったように、海外の本場で学ぶ事ができるのは大きな武器になります。その経験を活かして帰国後に起業するということも、十分検討に値するでしょう。

どの選択肢を選ぶにしても、成功の秘訣はオトナ留学に出発する前に、留学・キャリアの計画を立てておく事がポイントです。

あまり相談者が多いと迷ってしまうので、オススメできませんが、それぞれ信頼できるプロの伴走者（留学カウンセラーやキャリアコンサルタント）がいると心強いでしょう。

［留学ソムリエからのアドバイス③］

時間とお金に限りがある「オトナ」が留学をする意義

オトナ留学の醍醐味とは、大人だからこそ享受できるコンテンツがたくさんあることではないでしょうか。

旅をするように留学に行く。

人生をアップデートするための留学に行きましょう。
オトナ留学は1回行って終わりというものではなく、何回行ってもいいのです。仕事や毎日の生活で疲れているなと感じたら、次の留学計画のチャンスです。

オトナ留学の渡航先として人気のある次の３つのディスティネーションをみていきましょう。

マルタ島留学

女優の柴咲コウさんが１ヶ月間留学されたことで一躍有名になりました。

「マルタ共和国」はオトナ留学ならではのポイントが目白押しです。イタリアの南にあるこの国は、リゾート地としても有名で特にヨーロッパ圏からの観光客で賑わっています。美しい海と世界遺産にも指定されている古代ヨーロッパの街並み、気候も温暖で過ごしやすい上、英語の語学学校も多いので、今や日本人のオトナ女性にも大人気です。

オトナならではの楽しみ方としては、「食」や「ワイン」、「ファッション」ではないでしょうか。たとえば、学生の間にハイエンドなレストランに行ったとしても、ちょっと場違いな空気があったりするものですが、大人ならその心配はありません。

人生の経験値が高ければ高いほど、楽しめる要素が増えるのです。

セブ島留学

近年社会人の間ですっかり留学先として定着した感のあるセブ島でも、オトナならではの楽しみ方があります。英語に関しては、社会人ビジネスパーソン向けの学校も増えてきています。滞在も学生寮ではなくホテル滞在もあるので、従来のように滞在や食事のストレスもなくなってきました。学生では、ホテルだと気兼ねするかもしれないですが、大人の方は迷わずホテルライフを満喫しましょう。

週末には世界遺産のボホール島への旅行も可能ですし、気軽にアイランドホッピングなどのアクティビティも楽しめます。

マンツーマンレッスンの講師との会話も、ショッピングや音楽、テレビドラマなど世間話までできるのもささやかな楽しみです。

フィジー留学

近年ブームの兆しが見えるフィジー留学です。学校担当者に聞くと、特に社会人の女性に人気が高いと言います。

フィジーは「世界で1番幸せな国」といわれるとおり、「世界幸福度調査」（ギャラップ・インターナショナルとWINによる共同調査）で2014年、2016年、2017年、2018年に1位となっています。もちろん日本の幸福度も2018年は55カ国中18位と決して悪くないのですが、かなりストレスの多い世界に生きている気がします。

そんな中で、フィジーのあまり細かいことを気にしない「ゆるさ」が現代の日本人が忘れかけているものではないでしょうか。

たとえば、街を歩いていると気軽に声をかけてきたり、ご近所付き合いがまだ残っている現地住民の温かさやライフスタイルは、日本の古き良き時代を想起させます。

忙しい毎日を生きているオトナだからこそ、その大切さに気づくことができるのかもしれません。

おわりに

今から15年ほど前、カナダのバンクーバーの語学学校に通っていた私は、なんとか当時の状況を打開してやろうと必死でした。雨季のバンクーバーは孤独感をさらに増長させ、悶々としながらとても寂しい年末年始を過ごしたのを、昨日のように覚えています。

留学は楽しいことばかりではありませんし、現状打破の打開策としても決して万能ではないでしょう。

しかし、真剣に自身と向き合い、異文化の地で過ごすことは、社会人にとってもさらなる成長のきっかけとなることは身をもって知りました。

その後、自分も留学の仕事に携わるようになって、素晴らしい教育機関や留学制度が多く存在すること、留学を機に飛躍する日本人の姿を何度も目にすることができて、もっと多くの人に留学の良さを知ってほしいという想いをもつようになりました。

一方で、ガラパゴス化した日本の社会は便利な反面、社会人が海外に出ることやギャップイヤーがあることに関してはアジアの他の国に比べても不寛容な空気感があるように思います。世界のグローバル化に逆行するその流れを変えたく、今回のオトナ留学の執筆に辿り着きました。

執筆中には新型コロナウィルスの感染拡大があり、大学の派遣留学が中止となったり、海外への渡航が制限されている中で、留学の存在価値について考える機会がありました。その間、オンライン留学の進化や国内留学の開発が進みましたが、結果的に改めて海外留学の良さを再認識することができました。それは五感を駆使して異文化を理解することや、その土地での学びや人との出会いの濃度が、バーチャルでは到達できないからです。

この本の出版にあたっては、様々な方のお力添えがあり、初めて実現したものです。特に、辰巳出版の村田絵梨佳さん、寺田須美さん、出版プロデューサーの沢田アキヒコさん、きっかけとなるコラムを担当いただいた東洋経済オンラインの菊地悠人さん、ありがとうございました。

また、留学業界の大先輩の星野達彦さん、本橋幸夫さん、英語を学ぶ素晴らしさを教えてくれた高寄美智子先生、晃司先生、いつも基本に立ち帰らせてくれるバリ島の兄貴こと丸尾孝俊さんにも感謝申し上げます。

そして最後に、ずっと支えてくれた家族に感謝しています。いつもサポートしてくれてありがとう。

この本が、手に取っていただいた方の人生を豊かにするためのお役に、ほんの少しでも立つことが出来ましたら、本当に嬉しいです。

最後までお読みいただき、誠にありがとうございました。

2021年8月1日

大川　彰一

大川 彰一 （おおかわ・しょういち）

株式会社留学ソムリエ 代表取締役
日本認定留学カウンセラー協会（JACSAC）幹事
TAFE Queensland駐日代表

1970年京都市生まれ。日本でセールス&マーケティングに約10年間携わり、カナダに渡航。帰国後、チーフ留学カウンセラーとして4年間で約1,000名以上の留学やワーキングホリデーに関わる。

その後、アメリカの教育系NPOのアジア統括ディレクターとして約6年間、日本やASEANの教育機関および企業との連携によりグローバル人材育成に尽力、2,000名以上の留学・海外インターンシップに関わる。海外インターンシップを大学の単位認定科目としての導入に成功、東北復興プロジェクト、アジアの国際協力プログラム開発にも携わる。

現在は「留学ソムリエ®」として国際教育事業コンサルティングや留学に関する情報発信を広く行う。

2018年よりオーストラリアの州立カレッジの駐日代表も兼任。

全国の教育機関、留学イベントでの講演実績は多数。東洋経済オンライン・レギュラー執筆中。

ブックデザイン　長坂勇司（nagasaka design）
DTP　株式会社キャップス
校正　校正舎楷の木
企画協力　NPO法人企画のたまご屋さん

オトナ留学のススメ

成功する人はなぜ海外で学び直すのか

2021年10月1日　初版第1刷発行

著　　者　大川彰一

発 行 者　廣瀬和二
発 行 所　辰巳出版株式会社
〒160－0022 東京都新宿区新宿2丁目15－14　辰巳ビル
代表ＴＥＬ：03-5360-8088
販売部ＦＡＸ：03-5360-8951

印刷・製本　中央精版印刷株式会社

ISBN 978-4-7778-2398-7　C0030